JN445345

일반화된 마르크스주의와 대안좌파

공감이론신서 31

일반화된 마르크스주의와 대안좌파

윤소영 지음
과천연구실 세미나 33

공감

공감이론신서 31
일반화된 마르크스주의와 대안좌파
윤소영 지음
과천연구실 세미나 33

초판인쇄일 2008년 3월 25일
초판발행일 2008년 3월 31일

도서출판 공감
발행인 이 범 수
출판등록 22-1006 (1996. 5. 14.)
서울시 마포구 망원2동 436-40 플러스타운 101-1호
전화 323-8124 / 팩스 323-8216
전자우편 alba21@naver.com

ISBN 978-89-86939-35-4 03320
값 7,000원

서 문

> [자본과 노동이라는 두 적대적 계급 사이의] 모순 일반이 혁명이 '일정에 오르는' 상황[즉 혁명적 위기라는 정세]을 규정하는 데 충분하다고 하더라도, 이것이 자신의 단순한 직접적 힘만으로 '혁명적 상황', 하물며 혁명적 단절과 혁명의 승리라는 상황을 초래할 수는 없다. 이 모순이 강한 의미에서 '작용하기' 위해서는, 즉 단절적 원리가 되기 위해서는 '환경들'[즉 이 모순과 이질적인 모순들]의 축적이 존재하여(…)그것들이 단절적 통일성으로 '융합해야' 하는 것이고, 그 결과 [계급들 사이의 세력관계가 역전됨으로써] 거대한 다수의 인민대중[즉 계급적으로 분할되는 노동자·농민·프티부르주아지]이 결집하여 지배계급들이 방어할 수 없게 된 체제를 공격해야 하는 것이다. 이런 상황은 [혁명의 객관적 조건과 주체적 조건이라는] 두 가지 기본조건이 '단일한(…)위기'로 '융합하는' 것을 전제하는데, 또한 동시에 별개로 (추상적으로) 고려되는 각각의 조건 자체도 '축적된' [이질적인] 모순들의 '융합'을 전제한다.(…)이런 상황에서처럼(…) '모순들'의 비상한 축적이 동일한 운동 속에서 작용한다면, 더 이상 일반적 '모순'의 단순하고 유일한 힘에 대해서 말할 수는 없다.(…)자본-노동의 모순은 결코 단순하지 [추상적이지] 않고 오히려 항상 이것이 작용하는 역사적으로 구체적인 [복잡한] 형태들과 상황들에 의해 종별화되는 것이다. [또 이런 의미에서 과잉결정되는 모순만이 강한 의미에서 작용할 수 있는 것이다.]
>
> — 알튀세르, 「모순과 과잉결정: 연구노트」 (1962)

2006-07년 두 해에 걸쳐 진행된 과천연구실의 작업은 헤겔-마르크스주의와 공납제 세계제국이라는 일반화된 마르크스주의의 쟁점

또는 경계를 탐구하려는 시도인데, 그 결과는 4권의 연구노트로 출판된 바 있다. 두말 할 나위도 없는 일이겠지만, 이런 작업은 『마르크스주의의 전화와 '인권의 정치': 알튀세르를 위하여』(문화과학사, 1995), 『알튀세르를 위한 강의: '마르크스주의의 일반화'를 위하여』(공감, 1996), 『알튀세르의 현재성: 마르크스, 프로이트, 스피노자』(공감, 1996)부터 『역사적 마르크스주의: 이념과 운동』(공감, 2004), 『일반화된 마르크스주의 개론』(공감, 2006)까지 지난 10년 동안 생산된 과천연구실의 성과를 토대로 하는 것이다.

그런데 2005년부터 몇몇 인터넷 논객과 소장 교수가 일반화된 마르크스주의에 대한 비판을 제기한 바 있다. 비판의 요지는 『대중의 공포』로 대표되는 발리바르의 작업이 알튀세르의 유언에 반대하여 마르크스주의를 해체한다는 것이며 또 『장기 20세기』 이후 마르크스가 아니라 브로델을 계승하는 아리기와 실버의 공동작업에 주목해야 한다는 것이다. 의미 있는 새로운 과학적·정치적 결론을 도출하는 데 도움이 되지 못한다는 의미에서 전혀 숙고되지 않은 '후위전'이라고 할 수밖에 없는 이런 비판은 사회진보연대의 일부 신세대 활동가에 의해 적극 수용되고 전파되는 중이다. 이런 상황에 일일이 대응할 만큼 한가한 처지는 아니지만, 그러나 2008년 하반기에 출판될 『일반화된 마르크스주의 세미나』에서 '의견집단'으로서 과천연구실의 입장을 밝힐 것이다.

*　　　　*　　　　*

이번에 출판되는 『일반화된 마르크스주의와 대안좌파』는 일반화된 마르크스주의의 쟁점 또는 경계로서 정세 분석을 주제로 하는 다섯 번째 연구노트다. 우선 『헤겔과 일반화된 마르크스주의』(공감, 2007)에 실린 「헤겔-마르크스주의와 변증법 (II)」 및 「서양 철학사 개관」의 짝 글이 되는 「마르크스의 '경제학 비판'과 경제학설사」는 스미스와 리카도로 대표되는 고전파 경제학설을 개관하는 동시에

(『경제학 비판 개요』라고도 불리는) 『1857-58년 원고』와 (『잉여가치학설사』를 포함하는) 『1861-63년 원고』에서 마르크스의 경제학 비판이 전개되는 과정과 그 플란(작업의 계획 또는 저작의 구성)이 변경되는 이유에 대해서 설명한다.

마르크스적인 의미에서 정세 분석이란 경제학 비판 플란의 마지막 6부 '세계시장'을 분석하는 것이다. 물론 세계시장 분석은 『자본』의 논리적이며 역사적인 분석과 관련되기도 한다. 그러나 혁명의 객관적 조건으로서 자본주의의 위기(또는 금융세계화)와 그 주체적 조건으로서 공산주의적 이행(대안세계화)을 대상으로 설정한다는 의미에서 세계시장 분석은 『자본』으로 환원될 수 없는 구체적 정세에 대한 구체적 분석이어야 한다. 알튀세르는 이런 두 가지 조건의 해후, 즉 정세 속에서의 우연한 결합을 과잉결정이라고 부른 반면 해후의 결여를 과소결정이라고 부른 바 있다. 「금융위기와 대안좌파의 과소결정: 2005-08년 세계정세」는 세계적 차원에서 금융위기가 전개되는 동시에 좌파가 분열되는 상황을 분석한다.

현재의 정세를 특징짓는 역설은 자본주의의 위기가 심화되는 동시에 공산주의적 이행의 전망이 소멸될지도 모른다는 데 있다. 만일 2007-08년 금융위기가 2010년대로 예상되는 미국자본주의의 '최종적 위기'에 선행하는 마지막 위기(또는 마지막에서 두 번째 위기)라면, 2005-08년 좌파의 분열은 인류의 미래를 공산주의가 아니라 야만의 지배로 귀결시키는 가장 결정적인 원인이 될 것이다. 이미 『역사적 마르크스주의』와 『일반화된 마르크스주의 개론』에서 주목한 바 있는 이탈리아 공산주의재건당과 유럽좌파당의 경험은 좌파의 위기에서 탈출할 수 있는 거의 유일한 전망이다.

『마르크스의 '경제학 비판'과 대안세계화운동』(공감, 2003)에 실린 「공산주의의 재건과 대안좌파의 건설」(2002)을 보충하는 베르티노티의 「대안사회」(2004-05)는 이탈리아·유럽 좌파의 위기라는 정세 속에서 제출되는 이행강령인 동시에 공동정부강령이다. 이행강령으로서 대안사회강령에 공동정부강령이 포함되는 정세적인 이유는 두 가지인데, 우선 부정적인 이유는 인민주의의 확산이 상징하는 정치의 위기와 반(反)정치의 위험이고, 그 긍정적인 이유는 페미니즘·생태주의·평화주의를 포함하는 대안세계화운동 속에서 공산주의 재건을 토대로 하는 대안좌파 건설이 가능하다는 전망이다. 베르티노티의 두 편의 인터뷰 「공산주의 재건에서 대안좌파 건설로」(2006)와 「정치의 위기와 반정치의 위험」(2007), 베르티노티의 테제와 제르볼리노의 해설 「이탈리아 좌파의 통일과 재건」(2007)은 이런 두 가지 이유를 부연한다. 베르티노티의 대안사회강령과 공동정부강령은 정세 분석에 대한 알튀세르의 입장, 즉 자본과 노동 사이의 단순한 계급관계가 아니라 계급들 또는 그 분파들 사이의 복잡한 세력관계를 정세 분석의 대상으로 설정해야 한다는 입장을 현정세에서 한층 더 구체화하는 것으로 해석할 수 있다.

제르볼리노의 「정치의 재발견, 민주주의의 재발명」(2007)은 공산주의재건당과 발리바르 사이의 이론적 친화성에 대해서 설명해준다. 공산주의 재건과 대안좌파 건설은 알튀세르가 지적한 바 있는 마르크스의 경제학 비판의 아포리아로서 이데올로기 비판, 즉 발리바르가 '인권의 정치'라고 부르는 이데올로기 비판의 구체적인 사례라고 해석할 수 있다. 바로 여기서 인권의 정치의 '변주'로서 해방·변혁·시빌리테 또는 상징적(이상적)·현실적·가상적(허구적) 보편성의 정치, 나아가 공산주의의 네 가지 역사 특수적 형태로서 기독교적(종교적), 시민적, 노동자적(사회주의적), 페미니즘적·생태주의적·평화주의적 공산주의가 갖는 현재적 의미를 확인할 수 있다. 인권의 정치에서 도출되는 발리바르의 공산주의 변수론은 기독교적 공산주의를 영속화하려는 바디우의 공산주의 상수론이나 통치자에 대해서 인민대중을 특권화하려는 랑시에르의 인민주의 상수론에 대한 비판이기도 하다. 『일반화된 마르크스주의의 쟁점들』(공감, 2007)에 실린 발리바르의 「대안세계화하는 유럽: 테제」(2007)가 베르티노티의 「공산주의의 재건과 대안좌파의 건설」(2002) 또는 「대안사회」(2004-05)와 친화성을 갖는 것은 우연이 아니다.

1997-98년 경제위기와 신자유주의적 정책개혁 이후 10년이 지난 2007-08년 남한에서도 경제위기가 지속되는 와중에 민주노동당의 위기가 분열로 귀결되면서 민주노총 내부의 갈등도 심화될 전망이다. 그러나 『일반화된 마르크스주의 개론』과 『역사적 마르크스주의』에서 이미 지적한 것처럼, 공산주의 재건이 부재한 상황에서 대안좌파 건설은 요원하기만 하다. 노동자의힘이나 다함께 같은 트로츠키주의 정파에게 엔엘(자주파)과 피디(평등파)의 분열은 '현실사회주의'(국가자본주의)의 붕괴가 그랬던 것처럼 자신의 세력을 확대할 수 있는 절호의 기회일 따름이다. 또 철모르는 네그리주의자는 (하이픈 있는) 코뮨-주의인지 (하이픈 없는) 코뮨주의·코뮤니즘 또는 코뮌주의·코뮈니즘인지를 둘러싼 시비로 날을 지새고 있다. 경제위기와 대안좌파의 과소결정이라는 상황을 타개하기 위해서 다양한 정파 사이의 논쟁은 불가피하겠지만, 그러나 모든 논쟁은 (성실하고 불편부당하다는 의미에서) 정직하고 또 (신뢰할 수 있고 분별력 있다는 의미에서) 신중해야 한다.

알튀세르의 말처럼, '미래는 오래 지속된다'. '과천연구실 세미나'의 표지 그림은 이것을 잊지 말자는 뜻이다.

2008. 3.
윤 소 영

차 례

[몰역사적이라는 의미에서] 부르주아적인 한,(…)경제학은 계급투쟁이 아직 잠재적인 동안에만 또는 오직 분산적인 현상으로 나타나는 동안에만 여전히 과학일 수 있다.(…)영국의 고전파 경제학은 계급투쟁이 전개되지 않은 시기에 속했다. 그 최후의 위대한 대표자 리카도는 계급적 이익의 대립, 즉 임금과 이윤, 이윤과 지대의 대립을 소박하게[즉 무비판적으로] 사회적 자연법칙으로 파악함으로써 마침내 의식적으로 이런 대립을 자신의 연구의 출발점으로 설정했다. 그러나 또한 동시에 부르주아 경제과학은 극복하기 곤란한 그 경계에 도달했다.(…)다음 시기인 1820년대는(…)리카도적 이론이 속류화되고 보급된 시기인 동시에 [호지스킨 같은 리카도파 사회주의자에 의해] 그 이론이 종래의 [부르주아] 학파와 투쟁한 시기였다.(…)1830년에 최종적인 결정적 위기가 발생했다. 부르주아지가 프랑스와 영국에서 정치적 권력을 쟁취했던 것이다. 그 때부터 실천적이고 이론적인 계급투쟁은 더욱 더 분명하고 위협적인 형태를 획득했다. 계급투쟁은 [변호론의 출현을 조장함으로써] 과학적인 부르주아 경제학의 조종을 울렸다.(…)1848년 대륙 혁명은 영국에서도 반향을 일으켜,(…)그로부터 존 스튜어트 밀이 최고의 대표자인 [생산과 분배를 분리시킴으로써 자본의 경제학과 프롤레타리아의 권리 주장을 조화시킨다는 의미에서] 무지한 절충론이 출현한다. 그것은(…)'부르주아' 경제학의 파산 선언이다.

— 마르크스, 『자본 1권』 재판 후기(1873)

[이윤, 이자, 지대를] 잉여가치로 환원시키고(…)결국 상품의 가치와 잉여가치를 노동으로 환원시킴으로써 [자본-이윤 또는 자본-이자, 토지-지대, 노동-임금이라는 경제적 삼위일체 또는 물신숭배의] 그릇된 외양(Schein, 가상·환상)과 착각(…)을 해체시킨 것은 고전파 경제학의 커다란 업적이다. 그러나 그럼에도 불구하고 그 최고의 대표자들조차도(…)자신들의 비판에 의해 해체된 외양의 세계에 얼마간 사로잡혀서 그 때문에 모두 얼마간 부조리, 고식책(姑息策), 미해결의 모순에 빠졌다.

— 마르크스, 『자본 3권』(1864-65)

내 책의 가장 큰 장점은 1. [상품의 이중성으로 표현되는] 노동의 이중성(사실에 대한 모든 이해는 이것에서 기인한다네)과 2. 이윤, 이자, 지대 등 그 특수한 형태와 독립적인 [보편적 형태로서] 잉여가치에 대한 검토[즉 고전파 경제학의 모순에 대한 비판적 설명]라네.

— 마르크스, 엥겔스에게 보낸 편지(1867. 8. 24.)

마르크스의 '경제학 비판'과 경제학설사

이 글은 『자본』에서 제시되는 경제학 비판의 쟁점을 경제학설사의 맥락에서 설명하는 동시에 『1857-58년 원고』와 『1861-63년 원고』를 비교하면서 경제학 비판의 형성 과정을 설명한다.[1]

경제학설사 개관[2]

현대적 의미에서 경제학은 공납제를 특징짓는 경제외적 강제와 자연적 제약이 완화되면서 출현한다. 나아가 사치품을 대상으로 하는 원거리 무역 대신 필수품을 취급하는 지방·민족·세계시장이 형성되면서 중상주의적 독점을 비판하는 자유경쟁적 중농주의와 고

1) 『자본』과 그것을 둘러싼 논쟁의 연보는 윤소영, 『마르크스의 '경제학 비판'』(개정판), 공감, 2005를 참조하시오.

2) Duncan Foley, *Adam's Fallacy: A Guide to Economic Theology*, Harvard University Press, 2006 (이 책은 *Notes on the Theoretical Foundations of Political Economy*, http://homepage.newschool.edu/het/profiles/foley.htm, 1999에 특히 마르크스의 혁명론과 역사적 사회주의를 검토하는 "Marx's Theories of Class and Social Change", Marxian Horizons Conference at Cornell University, 2004를 추가한 것이다); 헤르베르트 마이스너 엮음, 『정치경제학사 I』(1985), 세계, 1990; 사키사카 이츠로, 『고전경제학 비판: 잉여가치학설사 해설』(1957), 청아, 1988.

전파에 의해 독립 학문으로서 경제학이 성립한다. 대표적 중상주의자는 페티·스튜어트, 중농주의자는 케네, 고전파는 스미스·리카도다.[3)]

페티는 『조세·공납론』(1662)과 『정치산술』(1690)에서 중상주의적 식민정책을 위한 노동가치론과 잉여가치론(지대론)을 제시한다.[4)] 그러나 스튜어트는 『경제학 원론』(1767)에서 여전히 잉여가치의 원천은 유통이라는 중상주의적 양도이윤론을 견지한다.[5)]

케네는 『경제표』(1758)에서 잉여가치의 원천은 생산임을 인식하고 생산적 노동론을 제시한다. 다만 그는 농업노동만이 생산적이라고 주장한다. 따라서 잉여가치는 지대이고, 비생산적 노동에 대한 임금일 따름인 산업이윤은 지대에서 파생되는 소득이라는 것이다.

스미스의 『민부의 본성과 원인에 관한 연구』(1776)는 국가·국왕의 부, 즉 국부가 아니라 민족·시민의 부, 즉 민부를 대상으로 한다. 민부의 본성은 노동생산물이고, 그 원인은 노동의 분할, 즉 분업에 의한 노동생산성의 상승이다. 나아가 분업(더 정확하게 말하자면 기술적 분업)의 정도는 시장(사회적 분업)의 규모에 의해 결정된다.[6)]

스미스의 주장의 핵심은 시장에 대한 이론에 있다. 그는 시장에서 교환되는 노동생산물, 즉 상품의 가치가 노동에 의해 결정된다

---

3) 참고로, 아리스토텔레스는 사용가치를 대상으로 한 가정관리론(*oikonomia*, economy)의 입장에서 교환가치를 대상으로 한 이재론(貨殖論, *chrematistike*, chrematistics)을 비판한다. 공납제 중국의 경제사상사에 대해서는 James Chang, "History of Chinese Economic Thought: Overview and Recent Works", *History of Political Economy*, Fall 1987을 참조하시오.

4) 알다시피, 페티의 노동가치론이 로크의 개인적 소유론(노동에 기초한 소유로서 자기소유론)의 원천이다. 반면 동시대의 스피노자는 효용가치론과 화폐소유론을 채택한다. Hans-Jürgen Wagener, "*Cupiditate et Potentia*: The Political Economy of Spinoza", *European Journal of the History of Economic Thought*, Autumn 1994.

5) 참고로, 경제학(political economy)이라는 명칭을 저서의 제목으로 채택한 최초의 사례는 중상주의자 몽크레티엔의 『경제학 개론』(1615)이다.

6) 양자 사이에는 포지티브 피드백이 존재할 수 있다. 즉 시장의 규모가 분업의 정도에 의해 결정된다는 것이다. 그러나 이런 피드백은 '공급이 그 자신의 수요를 창조한다'고 부당전제하는데, 나중에 이것을 이른바 '판로법칙'으로 공식화하는 것은 세의 『경제학 개론』(1803)이다.

고 주장한다. 그러나 그의 노동가치론은 곧 투하노동가치론과 지배노동가치론으로 분화된다. 소상품생산('수렵·채취사회')에서는 상품의 생산에 투하되는 노동이 가치를 결정하지만, 자본주의적 생산('상업사회')에서는 상품의 교환으로 획득되는 화폐로 구매할 수 있는 노동이 가치를 결정한다는 것이다.

소상품생산: 투하노동=임금=지배노동
자본주의적 생산: 투하노동=임금<지배노동=임금+이윤+지대[7]

스미스의 분배론은 임금, 이윤, 지대의 수준 대신 자본축적에 따른 그 경향을 설명한다. 우선 노동에 대한 수요가 공급을 초과하므로 임금률은 상승하는 경향을 갖는다. 반면 상품에 대한 공급이 수요를 초과하므로 경쟁으로 인해 가격이 하락하고 그 결과 이윤율도 하락하는 경향을 갖는다.[8]

리카도는 곡물법을 둘러싼 맬서스와의 논쟁(1815)을 통해 경제학에 입문한다. 그는 임금과 이윤의 배반 관계에 주목한다. 곡물법으로 인해 곡물의 수입이 금지되면 곡가가 상승하고 지대가 증가한다. 그러나 임금이 증가하면서 이윤은 감소한다는 것이다.[9]

리카도는 『경제학과 과세의 원리』(1817)에서 스미스의 지배노동가치론과 지대론을 비판한다. 그는 투하노동가치론의 입장에서 지대론을 설명하기 위해 맬서스의 인구론을 채택한다. 토지생산성이

---

7) 따라서 상품의 가치에는 불변자본이 포함되지 않는다. 이 때문에 잉여가치율과 이윤율·일반이윤율, 가치(더 정확하게 말하자면 '단순가격')와 생산가격이 혼동되는 것이다. 마르크스는 이런 '스미스(또는 리카도를 포함하는 고전파 전체)의 교조·교리'를 비판하기 위해 케네의 경제표를 복권시켜 재생산표식으로 발전시킨다.

8) 스미스는 절대지대와 독점지대를 혼동하여 토지의 소유독점과 농산물의 독점가격으로 지대를 설명한다. 반면 리카도는 페티를 따라 농업의 경영독점에 따른 차액지대만 설명한다.

9) 따라서 임금이 감소하면 이윤이 증가하는데, 이는 리카도에게 상대적 잉여가치만 존재함을 의미한다. 반면 스미스에게는 임금, 즉 필요노동을 초과하는 잉여노동의 강제에서 비롯되는 절대적 잉여가치만 존재한다.

하락하고 임금률이 생존 수준에서 결정된다면, 열등지의 이윤율이 일반이윤율이 되고 우등지에서는 지대가 발생한다는 것이다.[10)]

리카도는 자본축적에 따라 이윤이 증가할 수 있지만 이윤율은 하락하고, 반면 지대는 증가하고 지대율도 상승한다고 주장한다. 결국 최열등지까지 경작이 확대된다면, 이윤과 이윤율은 0이 되고 지대와 지대율은 최대가 된다. 이것이 바로 자본축적이 정지하는 '정상상태'(stationary state)인 것이다. 정상상태를 지연시키는 방법은 자유무역인데, 곡물법 폐지에 따라 곡가가 하락하면서 지대율도 하락하는 반면 임금률이 하락하면서 이윤율은 상승하기 때문이다.

맬서스는 『경제학 원론』(1820)에서 리카도가 수용하는 세의 판로법칙을 비판하면서 지주를 옹호하는 과소소비설을 제시한다. 그러나 그는 시스몽디의 『새로운 경제학 원론』(1819)이 소상품생산자의 입장에서 제시하는 과소소비설을 표절·왜곡할 따름이다.

호지스킨은 가장 뛰어난 리카도파 사회주의자인데, 『자본의 주장에 반한 노동의 옹호』(1825)와 『대중경제학』(1827)에서 기계 사용과 이윤율 하락 사이의 관계를 인식한다. 또 맬서스의 후계자인 존스는 『지대론』(1831)과 『민족들의 경제학』(1852)에서 전자본주의와 비교하여 토지소유 및 지대의 형태 변화에 주목함으로써 자본주의의 역사성을 인식한다.

---

10) 맬서스는 『인구의 원리에 대한 시론』(1798)에서 인구성장의 일반적 법칙을 제시한다. 인간의 성욕으로 인해 인구는 기하급수적으로 성장하지만 (1+2+4+8+…, 성장률은 상수 1), 토지생산성의 하락으로 인해 식량은 산술급수적으로 성장한다(1+2+3+4+…, t기의 성장률은 $1/(t-1)$). 그 결과 궁핍으로 인한 기아와 질병에 의해 인구의 성장이 억제되고 생존임금에 의해 인구가 평형을 유지한다는 것이다. 그러나 맬서스의 인구법칙은 '인구학적 전환'을 설명할 수 없다. 인구 동역학 모형에서 독립변수는 임금률이고 종속변수는 사망률과 출산률이다. 사망률 곡선은 감소함수인 반면 출산률 곡선은 종 모양이므로 저임금-고사망-고출산의 맬서스-리카도적 평형과 고임금-저사망-저출산의 스미스-마르크스적 평형이 존재한다. 노동생산성을 따라 임금률이 상승하면서 맬서스-리카도적 평형에서 스미스-마르크스적 평형으로 이행하는 것이 인구학적 전환이다. 20세기의 인구학적 전환에 대한 더 자세한 설명은 Göran Therborn, *Between Sex and Power: Family in the World, 1900-2000*, Routledge, 2004를 참조하시오.

참고로, 고전파 이후 경제학의 역사는 신고전파와 케인즈를 거쳐 신고전파적 입장에서 케인즈를 포섭하는 새뮤얼슨의 '신고전파 종합'에 이른다.[11] 우선 신고전파는 생산물과 생산요소의 공급이 일정하다고 가정되는 단기적 상황에서는 한계효용과 한계생산성이 교환가치('상대가격')를 결정한다고 주장한다.[12] 반면 가치('절대가격')는 화폐수량설에 의해 결정된다는 것이다.[13]

반면 케인즈는 고전파와 신고전파가 부당전제하는 세의 판로법칙을 비판하면서 맬서스의 과소소비설을 복권시킨다. 그는 노동력 상품의 특수성으로 인해 임금률은 신축적이 아니라 경직적이라고 주장한다. 또 케인즈는 판로법칙의 이면이라고 할 수 있는 화폐수량설을 비판한다. 그는 화폐 상품의 특수성으로 인해 화폐에 대한 투기적 수요가 존재한다고 주장한다.[14]

그러나 신고전파와 케인즈에게는 자본축적론, 특히 기술진보론이 존재하지 않는다. 솔로우가 신고전파 종합의 입장에서 제시하는 자본축적론에서도 기술진보는 외생변수로 취급된다. 기술진보를 내생변수화하려는 시도는 슘페터로 소급되는데, 그는 신고전파적 입장에서 마르크스의 기술진보론을 수용한다.

---

11) 케인즈에 대해서는 윤소영, 「브뤼노프의 신자유주의 비판」, 『알튀세르를 위한 강의: '마르크스주의의 일반화'를 위하여』, 공감, 1996을 참조하고, 신고전파 종합 이후 경제학의 조류에 대해서는 윤소영, 『신자유주의적 '금융 세계화'와 '워싱턴 콘센서스': 마르크스적 비판의 쟁점들』, 공감, 1999를 참조하시오.

12) 이로써 신고전파는 베일리의 『가치의 본성·척도·원인에 대한 비판적 논고』(1825)에서 시작되는 경제학의 속류화를 '학술적 형태'로 완성한다. 그러나 가치 개념을 폐기하는 교환가치론은 가치척도(그리고 가격표준)라는 화폐의 기능을 무시하는 것이다.

13) 스미스-투크(은행학파)와 달리 흄-리카도(통화학파)가 채택하는 화폐수량설은 중금주의자(전기 중상주의자) 보댕에게서 유래하는 것으로 화폐의 기능을 유통수단으로 단순화한다.

14) 즉 축장수단으로서 화폐는 불확실성(무지)에 대한 예방책이라는 것인데, 여기서 포트폴리오 선택, 즉 화폐(유동성)와 증권(수익성) 사이의 선택에 대한 이론이 유래한다.

경제학 비판의 형성 과정[15]

마르크스의 경제학 비판은 1840년대의 스미스 비판에서 출발하여 1850-60년대의 리카도 비판으로 완성된다. 그는 『1844년 원고』에서 스미스를 비판하고, 1847년의 『철학의 빈곤』에서는 프루동을 비판한다. 그러나 1849년의 『임노동과 자본』에서도 리카도는 비판하지 않는다. 『1850-53년 런던 연구노트』에서 리카도 비판을 개시하는 마르크스는 『1857-58년 원고』, 1859년의 『경제학 비판을 위하여: 1분책』, 『1861-63년 원고』에서 리카도 비판을 전개한다.

『1857-58년 원고』는 1845-46년의 『독일 이데올로기』와 마찬가지로 '자기해명'을 위한 연구노트다. 『독일 이데올로기』에서 마르크스는 생산양식과 이데올로기 개념('교조적·교리적 비판'이 아니라 '진정한 비판'으로서 역사유물론)을 발견한다. 『1857-58년 원고』에서 그는 노동의 이중성 개념과 화폐 상품의 특수성(경제학 비판의 서론으로서 가치론)을 발견하고, 나아가 노동력 상품의 특수성과 잉여가치 개념(그 본론으로서 잉여가치론)을 발견한다.[16]

『경제학 비판을 위하여: 1분책』에서 마르크스는 상품의 이중성으로 표현되는 노동의 이중성을 통해 화폐의 특수성을 증명한다. 특히 그는 가치형태론을 통해 화폐에 대한 논리적 설명을 제시하고,

---

15) V. Vygodski (Vygodsky), *The Story of a Great Discovery: How Karl Marx Wrote "Capital"* (1965), Vl. Die Wirtschaft, 1973; *Wie "Das Kapital" entstand* (1970), Vl. Marxistische Blätter, 1976; 「『자본』의 구성」(1976), 『이론』, 1993년 겨울; 「마르크스의 경제학적 유산」(1982), 『이론』, 1993년 가을; T. Vasilyeva, "Preface", in *Karl Marx Frederick Engels Collected Works*, Vols. 28-29 (1857-61), Progress, 1986-87; M. Ternovsky et al., "Preface", in *Karl Marx Frederick Engels Collected Works*, Vols. 30-34 (1861-64), Progress, 1988-94.

16) 노동가능성(Arbeitsvermögen, labour-capacity/potentiality) 또는 노동력(Arbeitskraft, labour-power)이 현실화되는 생산과정은 노동의 이중성에 따라 노동과정(더 정확하게 말하자면 '구체적 노동과정')과 가치증식과정('추상적 노동과정')으로 구별된다. 또 가치증식과정은 절대적 잉여가치의 생산과정과 상대적 잉여가치의 생산과정으로 구별된다.

나아가 화폐기능론을 통해 역사적 설명을 제시한다.17)

이어서 마르크스는 『1861-63년 원고』에서 잉여가치의 생산을 통해 노동력의 특수성을 증명한다. 특히 그는 초과이윤을 위한 산업자본의 부문내 경쟁과 기술진보를 통해 상대적 잉여가치의 생산에 대한 논리적 설명을 제시하고, 나아가 자본에 의한 노동(더 정확하게 말하자면 노동과정)의 형식적(또는 잠재적) 포섭과 실질적(현실적) 포섭의 구별을 통해 역사적 설명을 제시한다.18) 또 임금률을 통해 절대적 잉여가치의 생산과 상대적 잉여가치의 생산의 결합을 설명한다.19) 잉여가치의 생산에 대한 설명을 마무리하는 것은 자본의 재생산·축적과 본원적 축적에 대한 설명이다.20)

『1861-63년 원고』에서 마르크스는 『잉여가치학설사』에 대한 연구노트라는 우회를 통해 잉여가치의 유통·실현 및 분배에 대한 설명도 최초로 제시한다.21) 즉 산업자본의 부문간 경쟁에 따른 일반이윤율의 형성과 가치의 생산가격으로의 전형, 초과이윤을 위한 부

---

17) 『경제학 비판을 위하여: 1분책』의 상품·화폐론은 1867년의 『자본 1권』 초판에 요약·전재된다. 참고로, 화폐의 본질로서 보편적 등가물의 발생에 대한 논리적 설명으로서 가치형태론과 짝이 되는 역사적 설명으로서 교환과정론, 가치형태론과 교환과정론을 매개하는 물신숭배론은 『자본 1권』 초판에서 추가된다.

18) Jean-Pierre Lefebvre, "Introduction", in Karl Marx, *Manuscrits de 1857-1858 ("Grundrisse")*, Editions sociales, 1980; "Introduction", in *Manuscrits de 1861-1863 (Cahiers I à V)*, Editions sociales, 1980; "Introduction", in *Le Capital (Livre I)*, Editions sociales, 1983.

19) 민족간 임금률 격차를 통해 리카도의 비교우위론을 비판하는 것은 1873년의 『자본 1권』 재판에서다.

20) 임금률·축적·본축에 대한 설명은 『1863-65년 원고』에서 더욱 전개된다.

21) 『1861-63년 원고』의 절반을 차지하는 『잉여가치학설사』는 잉여가치론에 대한 서술·설명이 아니라 연구·자기해명에 해당하는 것이다. 동시에 『잉여가치학설사』는 마르크스가 『자본』 4권으로 계획한 경제학설사(및 사회주의학설사)를 위한 준비자료라고 할 수도 있다. 『1861-63년 원고』 전체의 구성에 대한 소개는 Enrique Dussel, *Towards an Unknown Marx: A Commentary on the Manuscripts of 1861-63* (1988), Routledge, 2001을 참조할 수 있는데, 다만 해방신학자인 두셀은 셸링의 입장에서 헤겔을 전도한다는 특이한 입장에서 마르크스를 해석한다는 데 주의해야 한다.

문내 경쟁과 기술진보에 따른 일반이윤율의 하락, 나아가 상업자본의 이윤, 금융자본의 이자, 토지소유의 지대가 설명되는 것이다.[22]

잉여가치론을 설명하면서 마르크스가 경제학 비판을 위한 플란(작업의 계획 또는 저작의 구성)을 변경한다는 사실에도 주목해야 한다.[23] 그는 『1857-58년 원고』를 집필하면서 자본-토지소유-임노동-국가-국제무역-세계시장이라는 6부 플란을 제시한다. 또 자본의 구성을 자본 일반-경쟁-신용-주식자본으로, 자본 일반의 구성을 자본의 생산과정-유통과정-이윤·이자로 구체화한다. 플란의 핵심은 '부르주아 시민사회의 해부학'으로서 경제학을 비판하기 위한 자본-토지소유-임노동, 즉 자본주의적 생산양식의 내부적 구조와 경제적 계급적대·계급투쟁이라는 전반 플란에 있다.[24]

그러나 『1861-63년 원고』를 집필하면서 잉여가치의 생산-유통·실현-분배라는 자본의 기능에 따르는 자본의 생산과정-유통(·실현)과정-총과정이라는 『자본』 3권 플란이 출현한다. 플란의 변경에서 『잉여가치학설사』에 대한 연구가 결정적 계기가 되는데, 특히 리카도와 로트베르투스의 지대론을 비판하면서 자본의 유기적 구성 개념을 발견하는 동시에 초과이윤을 위한 부문내 경쟁과 일반이윤을 위한 부문간 경쟁의 개념적 구별을 발견하는 것이 중요하다.[25]

---

22) 잉여가치의 유통·실현 및 분배에 대한 설명은 『1863-65년 원고』에서 더욱 전개되고, 나아가 1867-71년, 1875년, 1877-82년에 가필·수정된다. Michael Krätke, "Le dernier Marx et le *Capital*", *Actuel Marx*, No. 37, 2005.

23) 더 자세한 설명은 『마르크스의 '경제학 비판'』을 참조하시오. 또 Allen Oakley, *The Making of Marx's Critical Theory: A Bibliographical Analysis*, Routledge & Kegan Paul, 1983도 참조하시오.

24) 국가(헌법)-국제법-세계사(정치사)라는 헤겔 『법철학』의 플란을 전도하는 국가(경제장치)-국제무역-세계시장(경제사)이라는 후반 플란은 이미 『독일 이데올로기』에서 제시된다. Joseph O'Malley, "Marx's 'Economics' and Hegel's *Philosophy of Right*: An Essay on Marx's Hegelianism", *Political Studies*, March 1976.

25) 후반 체계는 『자본』으로 포섭될 수 있는데, 국가(화폐와 노동력의 재생산)는 1권, 국제무역(리카도의 비교우위론과 흄의 금화수출입론에 대한 비판)과 세계시장(자본주의의 위기와 공산주의적 이행)은 1권 및 3권과 관련된다. 더 자세한 설명은 『마르크스의 '경제학 비판'』을 참조하시오.

보론: ‘베이징의 스미스’[26]

아리기는 노동이 부족하고 자본은 풍부한 영국과 미국에서 노동을 절약하고 자본을 소비하는 산업혁명(industrial revolution)이 발생했지만, 노동이 풍부하고 자본은 부족한 중국과 일본에서는 노동을 소비하고 자본을 절약하는 근면혁명(industrious revolution)이 발생했다고 주장한다. 따라서 자본주의적 시장경제를 대상으로 하는 마르크스적 동역학은 영국과 미국의 산업혁명을 설명하는 데만 적합하고 중국과 일본의 근면혁명을 설명하는 데는 적합치 않기 때문에 비자본주의적 시장경제를 대상으로 하는 스미스적 동역학이 복권되어야 한다는 것이다.[27]

아리기가 제시하는 스미스적 동역학 모형에서 독립변수는 1인당 국민소득(또는 노동생산성·임금률)이고 종속변수는 인구성장률과 경제성장률(즉 국민소득의 성장률)이다. 인구성장률 곡선은 왼쪽으로 편향된 종 모양인 반면 경제성장률 곡선은 대칭적인 종 모양이므로 안정적인 두 개의 평형, 즉 맬서스적 평형과 스미스적 평형이 존재한다. 그러나 이 모형의 약점은 경제성장률 곡선이 종 모양일 수 없다는 데 있는데, 시간에 대해 1인당 국민소득은 증가함수(더 정확하게 말하자면 성장기에서 불황기로 이행하는 ‘데드-크로스’를 전후로 기울기가 급격하게 감소하는 증가함수)이고 경제성장률은 상수(‘데드-크로스’를 전후로 하향 단절이 발생하는 계단 모양)라는 것이 자본축적론의 정형화된 사실(stylized facts)[28]이기 때문이다.

---

26) Giovanni Arrighi, *Adam Smith in Beijing: Lineages of the Twenty-First Century*, Verso, 2007. 트론티의 ‘디트로이트의 마르크스’를 패러디하는 아리기의 ‘베이징의 스미스’는 미국경제 분석에 마르크스가 적합하듯이 중국경제 분석에는 스미스가 적합하다는 주장이다.

27) 그러나 아리기의 주장과는 달리 일본도 산업혁명을 경험했다. 마르크스적 동역학에 따른 1960년대 이후 일본 자본주의에 대한 분석은 Gérard Duménil and Dominique Lévy, "Imposing the Neoliberal Order: Four Historical Configurations (US, Europe, Japan, and Korea)", 2001, http://www.jourdan.ens.fr/levy/를 참조하시오.

따라서 아리기의 주장과는 달리 맬서스적 평형만 안정적이고 스미스적 평형은 불안정적이다.

아리기는 스미스적 동역학에서 21세기의 '새로운 반둥'을 위한 논거를 발견한다. 그는 부시의 신보수주의를 계기로 신자유주의적 '워싱턴 컨센서스'를 치환하는 사회민주주의적·사회자유주의적 '베이징 컨센서스'가 출현하고 있다고 주장한다. 나아가 이를 새로운 반둥으로 발전시킬 가능성에 주목하면서 1950-60년대의 반둥과 달리 단순한 이데올로기가 아니라 경제적 토대를 갖기 때문에 성공할 가능성이 그 만큼 크다고 예상한다. 다만 중국이 앵글로-색슨 식의 마르크스적 동역학(산업혁명)이 아니라 고유한 스미스적 동역학(근면혁명)을 전개해야 한다는 것이 그가 제시하는 조건이다.[29)]

그러나 새로운 반둥으로서 중국 헤게모니를 예상하는 아리기의 시나리오는 유토피아적인데, 국영기업과 금융기관의 개혁 부진, 농민공과 여성에 대한 과잉착취, 초민족자본의 국제하청망으로의 포섭, 나아가 생태적 지속불가능성 같은 개혁·개방의 다양한 한계에 대해서 맹목적이기 때문이다. 게다가 그는 중국을 비롯한 동아시아의 수출달러가 미국으로 환류되는 메커니즘을 일종의 '조공', 즉 '제국'의 경제외적 강제로 오해한다.[30)]

2007. 12.

---

28) 윤소영, 『일반화된 마르크스주의 개론』, 공감, 2006.

29) 실제로 중국 자본주의의 이윤율은 1978년 개혁·개방 이후 하락하다가 1997-98년 동아시아 경제위기 이후 상승한다. 이윤율이 하락하는 것은 산업혁명에 따라 자본생산성이 하락한 데다가 자본주의로의 전환을 정당화하는 과정에서 이윤분배율이 하락하기 때문이고, 이윤율이 상승하는 것은 신자유주의적 전환에 따라 자본생산성과 이윤분배율이 상승하기 때문이다. 마르크스적 동역학에 따른 중국 자본주의에 대한 분석은 Zhang Yu and Zhao Feng, "The Rate of Surplus Value, the Composition of Capital, and the Rate of Profit in the Chinese Manufacturing Industry: 1978-2005", 2006, http://www.seruc.com/bgl/paper%202006/Zhao-Zhang.pdf를 참조하시오.

30) 마르크스주의의 일반화라는 맥락에서 제시되는 아리기의 역사적 자본주의론에 대한 평가와 그의 중국 헤게모니론에 대한 비판은 『일반화된 마르크스주의 개론』을 참조하시오.

금융위기와 대안좌파의 과소결정: 2005-08년 세계정세

이 글은 2005-08년 세계정세를 금융위기와 대안좌파의 과소결정, 즉 양자의 해후의 결여라는 관점에서 분석한다. 우선 2007-08년 금융위기가 달러위기로 귀결되어 1980년대 이후 미국경제를 특징짓는 이중적자와 수출달러환류·자본도피 메커니즘을 붕괴시킬 것인지를 분석한다. 나아가 금융위기의 상황 속에서 전개되는 좌파의 위기를 유럽 좌파, 특히 공산주의재건당·혁명적공산주의자동맹·아탁을 중심으로 분석한다.

동시에 이 글은 『1857-58년 원고』(일명 『경제학 비판 개요』)에서 마르크스가 제시한 '경제학 비판 플랜'의 마지막 6부인 '세계시장'(자본주의의 위기와 공산주의적 이행) 또는 오히려 '세계화'(금융세계화와 대안세계화)가 『자본』의 논리적이며 역사적인 분석의 대상일 뿐만 아니라, 또한 동시에 세계적 차원에서 전개되는 구체적 정세에 대한 구체적 분석의 대상이기도 하다는 입장을 증명하려는 시도라고 할 수 있다.[1)]

---

1) 경제학 비판 플란을 둘러싼 논쟁에 대해서는 윤소영, 『마르크스의 '경제학 비판'』(개정판), 공감, 2005; 「마르크스의 '경제학 비판'과 경제학설사」(이 책에 실림)를 참조하시오.

금융위기

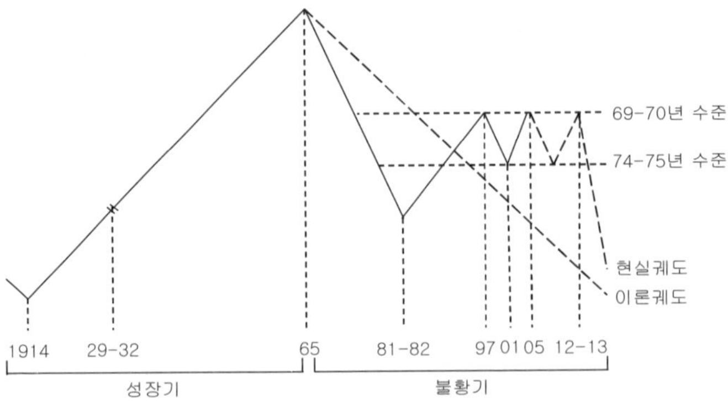

우선 미국경제의 이윤율의 운동을 살펴보면, 『일반화된 마르크스주의』에서 제시된 위의 그래프가 예상한 대로 2005년의 정점 이후 이윤율이 하락하기 시작한다.[2] 물론 현실의 운동은 카오스적인데, 2004년에 이미 1969-70년 수준 이상으로 상승한 이윤율이 2008년에는 1974-75년 수준 이하로 하락할 가능성이 크다. 이 때문에 앞으로 이윤율이 회복되더라도 1969-70년 수준으로 상승하지는 못할 것이고 2012-13년을 전후로 급락할 것이다.

미국경제가 이번에도 경착륙하지 않는다면, 그것은 뒤메닐이 주목하는 것처럼 달러 발권이익을 토대로 하는 무역적자와 자본수입이 당분간 지속가능하기 때문이다.[3] 미국경제의 무역적자는 2001

2) 윤소영, 『일반화된 마르크스주의 개론』, 공감, 2006.

3) 2001년 경착륙을 예상한 브레너의 오류는 무역적자와 자본수입이 함의하는 미국경제의 초민족성에 대한 무지 때문이다. 미국경제의 무역적자와 자본수입에 대한 뒤메닐의 분석은 『일반화된 마르크스주의 개론』 또는 Gérard Duménil, "Neoliberal Dynamics - Imperial Dynamics" (with Dominique Lévy), 2003; "The New Configuration of U. S. Imperialism in Perspective", 2004; "L'argent du beurre" (*Politis*, 19 oct. 2006); "La chute du dollar" (*Politis*, 21 déc. 2006); "Comment vivent les millionaires" (*Politis*, 15 mars 2007); "Le troisième déficit des Etats-Unis" (*Politis*, 7 juin 2007); "Quelques vérités sur la crise financière" (*Politis*, 30 août 2007), http://www.jourdan.ens.fr/levy/를 참조하시오.

년 국민소득의 4%에서 2007년 7%로 상승하지만, 그러나 그 1/3은 미국계 초민족자본의 내부거래라는 사실에 유의해야 한다. 또 1997-98년 동아시아 경제·외환위기 및 2001년 세계무역기구 가입 이후 중국경제를 중심으로 하는 동아시아경제의 수출달러환류와 유럽·중남미경제의 자본도피에도 주목해야 한다.

2007-08년 금융위기

셰네의 분석으로 이런 분석을 구체화할 수 있는데, 그는 1980년대 이후 금융위기의 전개 속에서 2007-08년 금융위기를 분석한다.[4] 1980년대는 중남미(멕시코·브라질·아르헨티나·베네수엘라)의 외채위기로 특징지어지는데, 1982년과 1986-88년의 외채위기가 그것이다. 이어서 1987-89년 미국의 뉴욕증시 붕괴와 주택저축대부조합 파산, 1990-91년 일본의 주식시장 및 부동산시장 붕괴를 계기로 금융세계화의 첫 번째 단계가 본격적으로 전개된다. 금융세계화의 첫 번째 단계는 제3세계의 외환위기(더 정확하게 말하자면 환율위기)로 특징지어지는데, 1994-95년 멕시코, 1997-98년 동아시아, 1998년 러시아, 1998-99년 브라질, 2001-02년 아르헨티나의 외환위기가 그것이다. 급기야 2000-01년 미국의 주식시장이 폭락하면서 금융세계화의 두 번째 단계가 시작되는데, 이제 미국경제를 특징짓는 무역적자와 자본수입의 중요성이 더욱 부각된다.[5]

---

4) François Chesnais, "Notes sur la portée et le cheminement de la crise financière" (Congrès Marx International V, Plénière de la Section Economie: Altermondialiste - Anticapitalisme - Théâtre, oct. 2007), http://netx.u-paris10.fr/actuelmarx/cm5//index5.htm & *Carré Rouge-La Brèche*, déc. 2007.

5) 셰네의 동료인 세르파티가 강조하는 대로 금융세계화의 두 번째 단계는 군사세계화와 평행한다는 추가적 특징을 갖기도 한다. 윤소영, 『역사적 마르크스주의: 이념과 운동』, 공감, 2004; 클로드 세르파티, 「금융세계화와 무한전쟁」(2002); 「무한전쟁과 아탁」(2003); 「무한전쟁과 유럽사회포럼」(2003), 윤소영, 『마르크스의 '경제학 비판'과 대안세계화 운동』, 공감, 2003.

미국경제의 이중적자는 무역적자와 재정적자를 가리킨다. 가계가 1995년 이후 적자를 지속해온 반면 기업이 1998-2001년 적자에서 2002-03년 흑자로 반전함으로써 민간부문은 1998-2001년 적자에서 2002-03년 균형으로 이행한다. 따라서 2002-03년 미국경제는 무역적자와 재정적자가 일치하는 전형적인 이중적자를 경험한다.[6)]

2004년 이후 재정적자는 감소하지만 민간적자가 급증하면서 무역적자도 증가한다. 2001년 균형재정은 2003년 5%의 재정적자로 반전되다가 2006-07년 2%의 재정적자(1995년 수준)로 완화된다. 따라서 2001년 4%, 2003년 5%에서 2006년 6.5%, 2007년 7%로 악화되는 무역적자는 가계의 적자 증가와 기업의 흑자 감소(2007년에는 적자로 반전)에 따른 것이다.

민간적자가 급증한 배경에는 금리 인하가 있다. 미국의 기준금리(연방기금금리)는 2000년 6%에서 2001년 이후 11차례에 걸쳐 2003년 중반 1%로 인하되고, 2004년 중반 이후 17차례에 걸쳐 2006년 중반 5.25%로 인상된다. 2001년 9·11테러부터 2004년까지 초저금리 상황에서 기업과 가계의 부채가 증가한다. 기업의 부채는 주가를 상승시키기 위해 자사주매입과 인수·합병에 사용된다. 문제는 2002년 이후 주택경기의 활성화에 따른 모기지론(주택담보대출)과 관련되는 가계의 부채다. 게다가 2003년부터 서브프라임(비우량) 모기지론도 확산되는데, 그 비중은 2001년 6.5%에서 주택경기가 정점에 도달한 2006년 중반 15-25%로 상승한 것으로 추정된다.

2002년부터 2006년까지 80% 정도 상승한 주택가격은 2007년에 10% 정도 하락하는데, 앞으로도 10-15% 정도 더 하락할 것으로 예상된다. 2007년 2월부터 시작된 서브프라임 위기는 8월에 금융위기로 발전한다. 이에 따라 기준금리는 2007년 9월 0.5%포인트, 10월

---

6) 미국경제의 재정적자, 민간적자(가계·기업적자), 무역적자의 동향에 대해서는 반년간으로 발행되는 The Levy Economics Institute of Bard College, *Strategic Analysis*, http://www.levy.org/를 참조하시오. 또 Fred Moseley, "Is the U. S. Economy Headed for a Hard Landing?", non-dated, http://www.mtholyoke.edu/~fmoseley/도 참조하시오.

0.25%포인트, 12월 0.25%포인트, 2008년 1월 0.75%포인트와 0.5%포인트 인하되어 3%가 된다. 그러나 미국발 금융위기는 증권시장과 외환시장을 통해 동아시아를 포함한 전세계로 확산된다.[7)]

미국경제의 부동산거품의 특징은 2002년 이후 '금융혁신'을 통해 부동산이 증권화된다는 데 있다. 모기지회사가 가계에 제공한 모기지론이 은행을 통해 주택연계증권(MBS) 또는 심지어 회사채 등과 혼합되는 부채담보부증권(CDO)으로 전환되고, 나아가 은행의 자회사인 헤지펀드를 통해 투기의 대상이 되는 동시에 수출달러환류 및 자본도피의 또 다른 수단이 된다. 1999년 금융서비스현대화법이 통과되면서 1933년 글래스-스티걸의 은행법 제정 이후 금지되어온 은행의 겸업화가 마침내 허용되고, 이에 따라 은행과 증권시장의 분리가 제거되면서 은행신용과 증권이 혼동되는 것이다.[8)]

달러위기에 대한 전망

셰네가 지적하는 것처럼, 문제는 금융위기로 인해 무역적자와 자본수입의 메커니즘이 붕괴하면서 결국 달러의 가치도 붕괴할 것인가 하는 것이다. 그에 따르면, 달러는 2002-07년에 20-25% 평가절하되는데, 특히 금융위기가 발생한 2007년 8월 이후에만 6% 평가절하된다.[9)]

---

7) 금융위기의 경과에 대한 상세한 묘사는 Robert Guttmann, "The Global Credit Crunch of '07", *La Lettre du Conseil Scienitific*, No. 8, nov. 2007, http://www.france.attac.org/spip.php?rubrique997을 참조하시오.

8) 이렇게 '파생금융상품'을 이용한 신용의 증권화를 통해 은행은 연금기금 또는 투자신탁기금(뮤추얼펀드) 같은 기관투자가와 경쟁하는 동시에 국제결제은행의 규제를 회피한다. 그러나 가공자본(허구·가상자본)으로서 증권은 실물자본(현실자본)으로서 산업자본은 물론이고 대부자본으로서 은행신용과도 구별해야 한다. 윤소영, 『마르크스의 '경제학 비판'』, 위의 책.

9) F. Chesnais, "La chute du dollar, un aspect peu discuté de la crise en cours", *La Lettre de Carré Rouge*, No. 2, jan. 2008, http://www.carre-rouge.org/.

1973년에 고정환율제가 포기된 이후 달러의 가치는 두 차례에 걸쳐 20%씩 하락하여 1979년에 최저수준에 도달한다. 레이건 정부의 강한 달러 정책에 힘입어 1973년 수준 이상으로 평가절상된 달러의 가치는 1985년 플라자합의와 1987년 루브르협정를 통해 평가절하되어 1995년에 1979년 수준으로 하락한다. 이후 달러의 가치가 또다시 상승하여 2001년에 1973년 수준 이상으로 상승하는 이른바 '역(逆)플라자 현상'이 나타난다. 2002년부터 하락하는 달러의 가치는 2004년에 일시 반등하지만 이후 완만히 하락하여 2007년에는 1997년 수준으로 하락한다.

피터슨국제경제연구소장 버그스텐은 2007년에 1995-2001년의 평가절상 폭을 40%로 추정하면서 2002-07년의 평가절하 폭 20-25%(1997년 수준)에 더하여 10-20%의 추가적 평가절하(1979년 수준)를 제안한다.[10] 그는 동시에 위안화에 대해서는 15-20%의 평가절상을 제안한다. 2001년 12월 세계무역기구에 가입한 이후 중국경제의 무역흑자는 급증하여 2001년 1%에서 2002년 2.5%, 2003년 3%, 2004년 4%, 2005년 7%, 2006년 9%, 2007년 12%로 상승하는데, 이는 1997-98년 동아시아 외환위기 이후에도 중국정부가 고정환율제를 고수하고 있기 때문이다.[11] 그러나 고정환율제를 포기한 원화는 1999-2003년의 달러당 1200원대에서 2004년 1100원대, 2005년 1000원

---

10) *Hot Topics: US Current Account Deficit* & *Hot Topics: The Dollar and Other Key Currencies*, http://www.iie.com/. 2006년부터 피터슨국제경제연구소로 개명한 국제경제연구소의 윌리엄슨은 1989년에 '워싱턴 컨센서스'를 발의한 바 있다. 윤소영, 『신자유주의적 '금융 세계화'와 '워싱턴 콘센서스': 마르크스적 비판의 쟁점들』, 공감, 1999. 또 그는 2003년에 1995-2001년의 평가절상 폭을 35%로 추정하면서 20%의 평가절하를 제안한 바 있다. 윤소영, 『역사적 마르크스주의』, 위의 책.

11) 그러나 중국경제의 무역흑자를 과장해서는 안 되는데, 수출의 1/2은 사실 초민족자본에 의한 것이며 동시에 미국경제를 대상으로 하는 것이기 때문이다. Martin Hart-Landsberg and Paul Burkett, *China and Socialism: Market Reforms and Class Struggle*, Monthly Review Press, 2005 (국역: 한울, 2005); "China, Capitalist Accumulation, and Labor", *Monthly Review*, May 2007, http://www.monthlyreview.org/.

대, 2006-07년 900원대로 평가절상되는데, 그 결과 2007년말부터 무역수지는 적자로 반전된다.

만일 버그스텐이 제안하는 이런 '아시아판 플라자합의'가 가능하다면, 그의 예상대로 미국경제는 2007년 7%로 급증한 무역적자를 2001년 이전 수준인 3.5%로 감축할 수 있을 것이고, 그 결과 무역적자와 자본수입의 메커니즘도 당분간 유지할 수 있을 것이다.[12] 게다가 현지통화로 표시되는 대외자산의 가치는 상승하고 달러로 표시되는 대외부채의 가치는 하락하기 때문에, 2006년부터 나타나기 시작한 순자본소득의 적자(뒤메닐이 말하는 '제3의 적자')도 흑자로 반전시킬 수 있을 것이다.

셰네도 외국 중앙은행의 준비통화에서 달러가 차지하는 비중으로 보아 아직까지는 달러위기의 가능성이 낮다고 판단한다. 1995년 59.0%에서 2001년 70.7%로 상승한 달러의 비중은 2002년부터 하락하면서도 2007년 2분기말 65.0%, 3분기말 63.8%를 유지한다. 게다가 1994년 19.4%에서 2000년 35.2%으로 상승한 미국 재무부증권(국채)에 대한 외국인 투자는 2002년 40.7%, 2003년 45.5%, 2004년 50.8%로 상승하고, 2005년 51.2%, 2006년 52.7%를 유지한다.[13]

---

12) 동시에 그는 국제통화기금이 달러를 특별인출권(SDR)으로 태환할 수 있는 대체계정을 개설하여 중국의 환차손을 최소화해줘야 한다고 주장한다. 참고로, 1979년의 달러위기는 석유달러의 환류가 중단되는 '금으로의 도피'로 특징지어지는데, 현재로서는 그런 조짐이 나타나지 않는다. 1971년 달러의 금태환 중지 이후 2007년 달러 기준으로 온스당 200달러 수준에서 1980년 2150달러까지 상승한 금값은 2001년 350달러까지 하락하다가 2007년 840달러, 2008년 1월 920달러로 상승한다.

13) 2006년 외국인 투자 중 3/6은 일본(15.3%), 중국(8.3%), 남한(1.6%), 대만(1.5%)이 차지하고, 1/6은 영국(5.4%), 산유국(2.3%), 카리브해 조세피난처·금융센터(1.5%)가 차지한다. 또 외국인 투자 중 60%는 중앙은행의 투자로 추정된다. 참고로, 국부펀드는 대부분 산유국 및 도시국가(싱가포르·홍콩) 정부가 석유달러 및 수출달러를 운용하기 위해 설립한 것이다. 최근에는 중국 정부도 수출달러의 운용을 위해 국부펀드를 설립하지만, 그러나 외환보유액의 70-80% 이상은 달러로 추정된다.

신흥시장의 위기

2001년 이후 세계증시는 미국경제가 아니라 동아시아경제를 중심으로 하는 '신흥시장'이 주도한다. 2007년말, 2008년초 동아시아 증시의 폭락은 2007년 2월 서브프라임 위기, 8월 금융위기가 신흥시장으로 확산되고 있음을 의미한다.[14)]

에스앤피 500을 기준으로 평가한 뉴욕증시의 주가이익비율(PER)은 1997년 22(1929년 수준)를 돌파하고 2000년 30으로 정점에 도달한다.[15)] 그 후 22까지 급락하다가 2001년에 30으로 반등한 주가이익비율은 2002년에 18로 급락한다. 2003년에 20으로 반등하다가 2004년 이후 완만히 하락하는 주가이익비율은 2007년에 16(1995년 수준)에 도달한다. 주가이익비율은 장기평균치는 14.4다.[16)]

반면 2006년부터 상승하기 시작하는 상하이증시는 11월 2000에 재진입한 후에도 급상승을 계속하여 2007년에는 폰지 상태에 도달한다.[17)] 2007년 10월 6000을 돌파한 상하이증시의 주가이익비율은 50을 초과하는 것이다. 이후 상하이 증시는 12월 5200대, 2008년 1월 4300대로 폭락한다. 고점 대비 주가지수는 29% 하락하고 주가이익비율은 50% 정도 하락하는 것이다.

---

14) 참고로, 금융위기와 함께 유가도 배럴 당 거의 100달러에 육박한다. 2007년 달러 기준으로 10달러 수준이던 유가는 1974년 1차 석유위기로 50달러까지 상승하고 1979년 2차 석유위기로 100달러를 돌파한다. 그 후 폭락한 유가는 1986년부터 20-40달러를 유지한다. 1998년 20달러까지 하락한 유가는 이후 상승세로 반전되는데, 현재의 상황은 3차 석유위기를 예고하는 것이다. 윤소영, 『이윤율의 경제학과 신자유주의 비판』, 공감, 2001.

15) 당시 폰지(금융피라밋) 상태의 나스닥의 주가이익비율은 368을 기록한다. 윤소영, 『이윤율의 경제학과 신자유주의 비판』, 같은 책.

16) 한편 1997년 1.22(1929년 수준)로 상승한 토빈의 q는 1999년 1.43을 정점으로 해서 2002년 0.96(1991년 수준)으로 하락한다. 토빈의 q의 장기평균치는 0.63이다. 윤소영, 『이윤율의 경제학과 신자유주의 비판』, 같은 책.

17) 1990년말에 개장한 상하이증시는 96에서 시작하여 1997년 1000, 2000년 7월 2000을 돌파하지만 곧 붕괴하여 2004년에는 1000 이하로 하락한다.

남한증시는 2000년에 코스닥 거품이 붕괴한 이후 2003년에는 500대로 반토막이 난다.[18] 2004년부터 상승세를 본격화하는 증시는 2005년 1000에 재진입하고 2007년 7월 2000을 돌파하지만 8월 금융위기로 인해 1600대로 폭락한다. 상하이증시의 호조에 힘입어 10월 2000대를 회복한 주가는 2008년 1월 1500대로 또다시 폭락한다. 고점 대비 주가지수는 24% 하락하고 주가이익비율은 27% 정도 하락하는 것이다. 외국인의 매도세에 대항하는 기관투자가의 매수세가 더 이상의 붕괴를 간신히 저지하고 있는 형편이다.

김대중 정부 말기인 2002년에 시도된 주식시장 부양정책이 실패한 이유를 부동산시장의 활성화에서 찾은 노무현 정부는 2003년에 10·29 부동산종합대책(종합부동산세 도입)을 수립하고, 2005년에는 8·31 부동산안정화대책(종합부동산세 및 양도소득세 강화와 신도시 건설 및 확대)을 시행한다.[19] 게다가 외국인에게 대항할 수 있는 연금기금(국민연금·퇴직연금)과 투자신탁기금(자산운용사) 같은 기관투자가의 증시 참여를 적극 유도한다. 2000년의 증시거품을 주도한 것이 현대증권의 바이코리아펀드라면, 현재 적립식펀드를 통한 투자신탁을 대표하는 것은 미래에셋증권이다.[20]

---

18) 윤소영, 『이윤율의 경제학과 신자유주의 비판』, 같은 책.

19) 그 후 2001년 9·11테러부터 지속되던 초저금리 상태가 완화되지만, 2006년말부터 부동산시장도 활성화된다. 노무현 정부의 핵심적인 경제정책은 물론 2006년부터 추진되는 한·미자유무역협정이다. 윤소영, 「한·미자유무역협정 비판」, 『일반화된 마르크스주의의 쟁점들』, 공감, 2007.

20) 참고로, 연금기금의 효시는 미국인데, 1850년에 출범한 공적연금과 1875년에 도입된 퇴직연금이 그것이다. 연금기금이 자금을 은행에 예치하거나 재무부증권의 구입에 사용하는 대신 주식에 투자할 수 있도록 허용되는 것은 1980년대 이후다. 반면 1774년 네덜란드에서 시작하여 1868년 영국으로 수출된 투자신탁기금은 1924년 미국에서 모건·골드만삭스 같은 투자은행의 자회사로 출현한다. 케인즈가 『고용의 일반이론』의 결론에서 안락사의 대상으로 지목한 '금리생활자'가 바로 1980년대 이후에 부활하는 투자은행과 투자신탁기금이다.

좌파의 분열

2005-08년 세계정세의 특징은 금융위기와 동시에 좌파의 위기가 전개된다는 데 있다. 2005년 유럽연합헌법조약 비준반대운동 이후 유럽 좌파의 위기를 이탈리아 공산주의재건당의 위기와 전망, 프랑스공산당과 혁명적공산주의자동맹의 분열, 프랑스 아탁의 분열을 중심으로 분석해보자.[21)]

이탈리아 공산주의재건당의 위기와 전망

베르티노티가 지도하는 공산주의재건당의 2005년 3월 6차 당대회는 2006년 4월 총선에서 프로디의 좌파민주당과 8년만에 다시 공동정부를 구성하기로 결정한다.[22)] 공산주의재건당이 이런 고육책을 채택한 배경에는 좌파민주당과 베를루스코니의 대연정 또는 심지어 베를루스코니의 3차 집권을 막아야 한다는 당면한 요구가 있다. 나아가 이탈리아의 대안좌파 건설을 위해서는 유럽적 차원의 대안좌파 건설이 필수적으로 요구된다는 정세 판단이 있다.[23)]

---

21) 공산주의재건당 자료는 *Gauche Européenne*, http://www.bellaciao.org/fr/mot.php3?id_mot=90, 혁명적공산주의자동맹-제4인터내셔널 자료는 *International Viewpoint*, http://www.internationalviewpoint.org/, 아탁 자료는 http://www.france.attac.org/를 참조할 수 있다. 또한 사회주의노동자당-국제사회주의 자료는 *International Socialism & Socialist Review*, http://www.socialistreviewindex.org.uk/와 영국공산당의 *Weekly Worker*, http://www.cpgb.org.uk/를 참조할 수 있다.

22) 베르티노티의 테제와 그것에 대한 논쟁은 Fausto Bertinotti, "L'alternative de société", sept. 2004 (국역: 이 책에 실림); "Italie, les raisons de la Refondation Communiste: Notes et réflexions à l'appui de la motion du Secrétaire", jan. 2005, http://www.bellaciao.org/를 참조하시오. 또 공산주의재건당과 좌파민주당에 대해서는 『역사적 마르크스주의』를 참조하시오. 참고로, 베르티노티가 하원의장으로 선출되면서 조르다노가 새로운 서기장으로 선출된다.

23) 2004년 5월에 공산주의재건당의 주도로 건설되는 유럽좌파당에 대해서는 『일반화된 마르크스주의 개론』을 참조하시오.

그러나 총선 전후부터 출현한 공동정부 내부의 긴장은 2007년 4월에 좌파민주당이 프로디 총리의 반대에도 불구하고 다수파 지도자인 벨트로니의 주도하에 마르게리타(과거 기민당 좌파)와 통합하여 미국식 민주당으로 변모하면서 더욱 고조된다.[24] 이에 따라 공산주의재건당은 6월에 좌파민주당 좌파(무시 그룹)와 통합하여 이탈리아유럽좌파당을 건설하기로 합의한다.[25]

2008년 1월 법무장관과 그 부인의 부패혐의를 계기로 해서 공동정부는 결국 해체된다. 4월로 예정된 총선에서 민주당과 베를루스코니의 대연정 또는 심지어 베를루스코니의 3차 집권이 예상된다. 게다가 새로운 정부는 미국식 양당제, 심지어 대통령제를 도입할 가능성도 높다. 이에 대해 공산주의재건당은 작년 12월에 좌파민주당 좌파를 비롯해서 이탈리아공산주의자당·녹색연맹과 '무지개좌파연합'을 결성하여 신보수주의적(또는 인민주의적) 정당과의 정권교체를 목적으로 하는 신자유주의적(또는 사회자유주의적) 정당이 정착하는 것을 봉쇄하려고 시도하고 있다.[26]

그런데 2002년 5차 당대회에서 베르티노티 그룹과 함께 다수파를 구성한 바 있는 마이탄 그룹은 공동정부의 구성에 줄곧 반대해오다가 결국 공동정부 해체 직전에 탈당한다.[27] 마이탄 그룹은 제

---

24) 좌파민주당의 이런 결정에는 금속노조가 약화되면서 제1노총(CGIL)이 미국식 노총(AFL-CIO)으로 변모한다는 사정도 작용한다.

25) Angela Mauro, "La Gauche Eropéenne face à l'avenir: Va-t-on à présent au-delà de 'Rifondazione'?", juin 2007, http://www.bellaciao.org.

26) 무지개좌파의 건설을 위해 베르티노티가 제출한 테제의 요약과 해설은 Domenico Jervolino, "Unité et refondation de la gauche en Italie", (Congrès Marx International V, Atelier 3 de la Section Sciences politiques: Refondation de la gauche en Europe, l'experience italienne, oct. 2007), http://netx.u-paris10.fr/actuelmarx/cm5/index5.htm (국역: 이 책에 실림)을 참조하시오. 참고로, 공산주의재건당의 이론지 『대안사회주의』의 편집장인 제르볼리노는 리쾨르를 전공한 나폴리대학 철학 교수다.

『마니페스토』 편집장 폴로의 말처럼 이탈리아 좌파의 위기에도 불구하고 그 미래를 예상할 수 있게 해주는 '주목할 만한, 게다가 유일한 전망'으로서 무지개좌파에 대해서는 Doubre Olivier, "L'exemple italien" (*Politis*, 14 fév. 2008), http://www.bellaciao.org를 참조하시오.

도권 정당과 사회운동적 정당 사이의 모순을 대립으로 환원하면서 제도권 좌파와 비제도권 좌파, 즉 '급진좌파' 사이의 양자택일이 불가피하다고 주장한다. 그러나 베르티노티 그룹은 좌파민주당과의 공동강령이 타협과 양보로 인해 갈등적일 수밖에 없음을 인정하면서도 이런 문제는 유럽적 차원의 대안좌파 건설을 통한 세력관계의 역전에 의해서만 해결할 수 있다고 반박한다.28)

프랑스 좌파의 분열

마이탄 그룹의 탈당은 사실 2006년 이후 제4인터내셔널의 방침이 급진좌파를 중심으로 독자적 전위당을 결성하는 것으로 전환한 데 따른 것이다. 이 때문에 프랑스에서도 비준반대운동에서 협력한 바 있는 프랑스공산당(및 사회당 좌파)과 혁명적공산주의자동맹 사이에서 분열이 발생한다.29)

2005년 비준반대운동연합을 2007년 대선에서 선거연합으로 발전시키자는 프랑스공산당의 제안을 거부하고 독자후보를 출마시킨 혁명적공산주의자동맹은 대선 직후 독자정당 건설을 결정한다. 혁명적공산주의자동맹은 프랑스공산당이 제안하는 선거연합이 사회당과의 공동정부를 목표로 할 따름이라고 비판한다. 반면 발리바르는 프랑스공산당(및 사회당 좌파)과 혁명적공산주의자동맹의 이런 분열은 대선 패배뿐만 아니라 또한 동시에 좌파의 '갈등적 수렴'의 실패로 귀결할 것으로 예상한다.30)

---

27) 마이탄 그룹과 달리 구좌파 성향인 페란도 그룹은 이미 총선 직후에 탈당한다. 페란도 그룹이 속한 제4인터내셔널재건파는 아르헨티나를 거점으로 하는데, 이탈리아와 그리스에도 동조세력이 존재한다.

28) F. Bertinotti, "Projet pour l'Italie, les principles et les actions de l'Union", août 2005; "Primaires italiennes" (1-14), oct. 2005, http://www.bellaciao.org/.

29) 사회주의노동자당은 혁명적공산주의자동맹의 전환을 지지하면서도 통일전선 내부가 아니라 외부에서 전위당을 건설한다는 방침에 대해서는 비판한다. 제4인터내셔널과 국제사회주의의 기함조직인 혁명적공산주의자동맹과 사회주의노동자당에 대해서는 『역사적 마르크스주의』를 참조하시오.

프랑스 좌파의 위기는 이탈리아 좌파의 위기와 구별되는데, 이는 1980년대 이후 위기에 빠진 프랑스공산당이 아직도 공산주의 재건에 착수하지 못하고 있기 때문이다.[31] 반면 혁명적공산주의자동맹은 전위당 건설을 통해 프랑스공산당을 대체할 수 있다고 판단하고 있다. 프랑스 좌파의 위기가 이탈리아 좌파의 위기보다 훨씬 더 심각한 것은 프랑스공산당의 쇠퇴와 혁명적공산주의자동맹의 자만 때문이다.[32]

게다가 '또 다른 세계는 가능하다'라는 슬로건을 제시하여 세계사회포럼·유럽사회포럼과 대안세계화운동을 주도하던 아탁의 분열

---

30) Etienne Balibar, "Royal, pour faire échec à la droite" & Daniel Bensaïd, "Reconstruire une gauche de combat anticapitaliste", *Libération*, 6 avril 2007, http://www.liberation.fr/actualite/politiques/elections2007/. 베르티노티와 발리바르 모두 유럽적 대안좌파의 건설을 주장한다는 데 주목하자. 베르티노티, 「공산주의의 재건과 대안좌파의 건설」(2002), 『마르크스의 '경제학 비판'과 대안세계화운동』, 위의 책; 발리바르, 「대안세계화하는 유럽: 테제」(2007), 『일반화된 마르크스주의의 쟁점들』, 위의 책. 『역사적 마르크스주의』에서 설명한 것처럼, 공산주의재건당은 네그리가 아니라 발리바르와 친화성을 갖는다. Emanuele Saccarelli, "*Empire*, Rifondazione Comunista, and the Politics of Spontaneity", *New Political Science*, Dec. 2004; D. Jervolino, "Retrouver la politique, réinventer la démocratie" (Congrès Marx International V, Plenum 4: Pour une "mondiale" des luttes, oct. 2007), http://netx.u-paris10.fr/actuelmarx/cm5/index5.htm (국역: 이 책에 실림).

31) 1997-2002년에 프랑스공산당은 녹색당과 함께 사회당의 조스팽 총리가 주도하는 '다원적 좌파정부'에 참여한다. 그러나 공산주의 재건 없는 좌파연합은 대안좌파 건설에 실패하고 그 결과 2002년 대선에서 조스팽은 르펜에게 패배한다. 참고로, 2007년 대선에서 승리한 국민운동연합의 사르코지는 전임 대통령 시락의 드골주의를 지양할 프랑스판 베를루스코니로 평가된다. 반면 2002년 대선에서 조스팽 대신 결선에 진출한 르펜은 프랑스판 보시 또는 피니라고 할 수 있다. 베를루스코니·보시·피니·르펜에 대해서는 정인경·박정미 외, 『인민주의 비판』, 공감, 2005를 참조하시오.

32) 반면 독일 좌파는 이탈리아 좌파와 유사한 방향으로 재편되는데, 특히 민사당과 사민당 좌파(라퐁텐이 대표하는 노동과사회정의를위한대안선거(WASG))가 2005년 총선을 계기로 통합하여 2007년 좌파당을 결성한다는 데 주목해야 한다. 제4인터내셔널의 일부(국제사회주의좌파)는 좌파당에 참여하는 반면 일부(혁명적사회주의자동맹)는 불참한다. 민사당에 대해서는 『역사적 마르크스주의』를 참조하시오.

로 인해 프랑스 좌파의 위기는 더욱 심화된다. 2002년 이후 전개되기 시작한 전국지도부와 지방활동가 사이의 '세대간' 갈등은 우선 아탁의 조직형태를 쟁점으로 하는 것이다. 전국지도부는 아탁 자체가 독립적 조직이라고 주장하는 반면 지방활동가는 다양한 조직의 네트워크('수렴공간')일 따름이라고 주장하기 때문이다.

또 다른 쟁점은 아탁의 활동형태라고 할 수 있다. 아탁은 대안세계화운동을 주요 활동으로 설정하면서도, 프랑스공산당·사회당·녹색당 의원을 중심으로 하는 국회 내부의 아탁위원회를 매개로 해서 제도권 정치와 결합한다. 그 대표적 성공 사례는 다원적 좌파정부가 2001년 하원에서 토빈세 도입에 찬성한 것이다(그러나 상원에 의해 결국 부결된다). 지방활동가는 전국지도부가 제도권 정치와의 결합에 몰두한다고 비판한다.

2005년 5월 비준반대운동 직후부터 전개된 전국지도부 선거운동에서 이런 갈등이 폭발하면서 재선에 도전하는 2대 총재 니코노프를 중심으로 하는 그룹과 그의 재선에 반대하는 칼파 그룹이 형성된다. 제1노총 지도부 출신의 경제학 교수 니코노프는 공산당원이고 그를 지지하는 초대 총재 카상은 친사회당인데, 반면 칼파는 친녹색당이다. 2006년 6월 선거의 부정 시비로 다시 치러진 12월 재선거에서 결국 칼파 그룹이 승리하고 니코노프 그룹이 퇴출되면서 아탁은 일종의 '프랑스사회포럼'으로 변모하고 있는 중이다.[33]

그런데 니코노프 그룹과 칼파 그룹 사이의 갈등의 또 다른 쟁점은 학술위원회의 지위와도 관련된다. '경제적 문맹'을 퇴치하려는 시민교육운동이기도 한 아탁에서 학술위원회는 상징적인 것이다.

---

33) 칼파 그룹의 입장은 Susan George, "A New Beginning for ATTAC France", Dec. 2006, http://www.tni.org/; Raphaël Wintrebert, *Attac, la politique autrement?: Enquête sur l'histoire et la crise d'une organisation militante*, La Découverte, 2007; Philippe Mühlstein, "Introduction au débat du Conseil scientific autour du livre de Raphaël Wintrebert", juin 2007, http://www.france.attac.org/spip.php?article7362&decoupe_recherche=Philippe%20Muhlstein을 참조하시오.

그러나 2007년 이후 핵심 성원인 뒤메닐·셰네·세르파티의 활동은 거의 눈에 띠지 않는다.[34] 2007년 2월에 창간된 월간 『학술위원회 뉴스레터』에 실린 금융위기에 대한 분석이 아주 부실한 것은 학술위원회의 역할이 크게 약화된 것을 반영한다.[35]

남한 민주노동당의 분열

이탈리아와 프랑스의 경험을 참조하여 최근 남한에서 전개되는 좌파의 위기를 분석해볼 수 있을 것이다. 우선 대선과 총선을 둘러싸고 전개되는 민노당의 위기를 살펴보자. 민노당의 위기의 직접적 계기는 2007년 12월 대선 3수에 도전한 권영길 후보의 패배 및 2008년 4월 총선에서의 예상되는 패배라고 할 수 있다. 2007년 대선 득표율은 3.0%인데, 이는 1997년 1.2%(국민승리21)는 초과하지만, 목표치 12.0%는 물론이고 2002년 4.0%에도 미달하는 것이다. 2008년 총선 득표율이 2004년 13.1%에 미달할 것임은 누가 봐도 거의 확실하다.

사실 대선 3수생의 식상함을 논외로 하더라도 이번 대선의 특성상 권영길 후보의 패배는 그리 놀랄 일도 아니다. 김대중 정부 및 노무현 정부에 대한 심판과 이명박 후보의 부정 및 비리에 대한 폭로가 분위기를 주도하는 가운데 이회창 및 문국현 같은 군소 후보가 난립한 어수선한 상황에서 민노당의 진보적 이념과 정책에 대한 공감대가 형성되기는 아예 불가능한 일이기 때문이다.

34) 브뤼노프와 레비(뒤메닐의 동료)는 무슨 까닭인지 모르겠지만 2005년 2월에 작성된 학술위원회 명단에 아예 빠져 있다. http://www.france.attac.org/spip.php?article2018. 아탁 학술위원회에 대해서는 『역사적 마르크스주의』를 참조하시오.

35) 학술위원회에 대한 워터스의 평가가 칼파 그룹의 영향으로 인해 1-2년 사이에 반전된다는 것은 시사적이다. Sarah Waters, "Mobilising against Globalisation: Attac and the French Intellectuals", *West European Politics*, Nov. 2004; "A l'attac: Globalisation and Ideological Renewal on the French Left", *Modern & Contemporary France*, May 2006.

대선 직후 피디(평등파)는 엔엘(자주파)을 비판하면서 2006년 북핵 자위론과 일심회 사건으로 상징되는 '종북주의'와 2004년 이후 대량 입당과 수적 우위를 통한 '패권주의'를 쟁점으로 제기한다.[36] 그러나 종북주의가 대선 패배의 원인이라는 비판은 오류라고 할 수 밖에 없다. 종북주의, 더 정확하게 말하자면 민족주의에 대한 비판은 그것이 대안세계화를 위한 노동자운동이나 평화운동과 결합하는 데 장애가 되는 한에서만 유효한 것이기 때문이다.[37]

게다가 민노당 창당의 주역인 피디가 분당을 주도하는 것은 엔엘의 패권주의에 대한 비판만으로 정당화하기에는 무언가 부족하다. 2008년 2월 3일 임시당대회에서 비대위가 제출한 '제2창당을 위한 혁신안'이 부결되면서 이미 분당이 불가피하게 된 상황이긴 하지만, 앞으로 피디가 건설할 '진보신당'의 일차적 목표는 민노당과의 경쟁이 아니라 대안좌파의 건설이 되어야 마땅할 것이다.

대선 패배가 분당으로 귀결되는 이유는 사실 2012년 집권을 목표로 하는 '수권정당'이라는 민노당의 정체성에 있다. 피디의 일부가 민노당이 '민주노총당'이라는 성격을 탈각해야 한다고 주장해온 것도 이 때문이다. 그러나 1995년에 건설된 민주노총이 지향하는 산별노조와 2000년에 건설된 민노당이 지향하는 선거정치를 비판하는 것과 민주노총·민노당의 해체를 주장하는 것은 전혀 별개의 일이다. 사회운동적 노조주의로의 민주노총의 혁신을 토대로 하는 사회운동적 정당으로의 민노당의 혁신(또는 진보신당의 건설)이 비판의 쟁점이기 때문이다.[38]

---

36) 민주노총·전농 외, 『위기의 민주노동당 어떻게 할 것인가』, 2008년 2월 1일, 국회도서관 대강당; 새로운진보정당운동 외, 『대안진보신당운동 어떻게 할 것인가』, 2008년 1월 31일, 홍사단아카데미 강당.

37) 윤소영, 「한·미자유무역협정 비판」, 위의 글.

38) 윤소영, 『일반화된 마르크스주의 개론』, 위의 책. 김승호 선생 중심의 전태일을따르는민주노동연구소-사이버노동대학은 민주노총과는 거꾸로 선 산별노조-후민주노총을 주장한다. 김창우, 『전노협 청산과 한국노동운동: 전노협은 왜 청산되었는가』, 후마니타스, 2007. 생디칼리즘적인 이런 입장에서 민노당의 위기에 대한 올바른 대응을 도출하기는 어려울 것이다.

민노당의 분열에 대한 노동자의힘과 다함께의 태도는 각자가 준거하는 제4인터내셔널과 국제사회주의의 입장과 아주 유사하다. 김세균·강내희 교수(또는 『진보평론』·맑스코뮤날레 그룹) 중심의 변혁적진보정당논의모임은 노동자의힘을 대변하면서 피디를 사민주의적 개량주의라고 비판한다. 또 다함께는 엔엘의 민족주의적 개량주의를 옹호하면서 피디의 노동자주의적 개량주의를 종파주의라고 비난한다.[39]

마지막으로 민노당 외부의 피디인 사회진보연대에 대해서도 한두 마디 해두자. 사회진보연대는 2002년 대선을 계기로 노동자의힘과 결별하면서 대안세계화운동의 맥락에서 피디적 정체성을 재건하고 민노당 내부 피디와의 관계도 복원하려고 노력한 바 있다. 그러나 2005년 이후 신세대 활동가가 대거 진입하면서 아탁의 경우와 유사하게 활동가·대학원생 네트워크를 지향하는 세력이 출현한다.

만일 사회진보연대가 일종의 '한국사회포럼'으로 변모한다면, 남한의 대안좌파 건설은 그 만큼 더 곤란해질 것이다. 이탈리아와 프랑스의 경험을 참조할 때 남한 좌파의 위기의 궁극적 원인은 공산주의 재건 없는 대안좌파 건설의 불가능성에서 발견해야 한다. 이 때문에 일부 신세대 활동가의 포스트아나키스트적 기질(능력·성격)이 '과학적 무지와 정치적 방종'에 대한 변명이 될 수는 없다.[40]

2008. 2.

---

39) 공산주의재건당에 대한 제4인터내셔널의 비판이 개량주의라면, 국제사회주의는 스탈린주의라고 비난한다. 엔엘과 피디에 대한 다함께의 규정은 최근에 스탈린주의의 두 변종에서 개량주의의 두 변종으로 변화한다. Choi Il-bung and Kim Ha-young, "South Korea: The View from the Left", *International Socialism*, Autumn 2006, http://www.isj.org.uk/index.php4.

40) 이런 '과학적 무지와 정치적 방종'은 마르크스주의의 일반화가 전제하는 '이론의 일원성 및 투쟁의 다원성'과 아무런 관련도 없다. 윤소영, 『마르크스주의의 전화와 '인권의 정치': 알튀세르를 위하여』, 문화과학사, 1995; 『알튀세르를 위한 강의: '마르크스주의의 일반화'를 위하여』, 공감, 1996; 『알튀세르의 현재성: 마르크스, 프로이트, 스피노자』, 공감, 1996.

대안사회*)

파우스토 베르티노티

새로운 사회·정치적 순환

[2005년 3월로 예정된] 우리 당의 6차 전당대회는 진정으로 '비상한' 시기에 개최된다. 즉 이탈리아와 유럽에서 새로운 사회·정치적 순환을 개시하기 위한 도전이 오늘 우리 앞에 전적으로 제기되는 것이다. 이런 도전은 우파뿐만 아니라 또한 우파의 정책도 패퇴시키고, 신자유주의적 정책의 위기와 동시에 개량주의의 실패와 전략적 무능으로부터 좌파적으로 탈출하는 것을 의미한다.

우리는 이런 가능성에 모든 것을 투자하는데, 물론 이것은 우리의 능력 또는 운동과 대안좌파의 능력을 과대평가하기 때문이 아니

---

*) Fausto Bertinotti, "L'alternative de société", sept. 2004 & mars 2005, http://www.bellaciao.org/ & http://altraitalia.rifondazione.co.uk/documenti/d0001.htm (영역본 "The Alternative of Society", http://altraitalia.rifondazione.co.uk/documenti/d0004.htm을 참조하여 문단을 나누고 내용도 약간 수정했음). 관련되는 글로는 베르티노티, 「공산주의의 재건과 대안좌파의 건설」(2002), 윤소영, 『마르크스의 '경제학 비판'과 대안세계화운동』, 공감, 2003; 발리바르, 「대안세계화하는 유럽: 테제」(2007), 윤소영, 『일반화된 마르크스주의의 쟁점들』, 공감, 2007을 참조하시오.

라 오히려 현실의 과정이 정치와 갈등 내부에서 대안을 점점 더 급진화한다고 확신하기 때문이다.

우파뿐만 아니라 또한 좌파에서도 '중도주의적' 공간(반복되는 또는 오히려 지속되는 주관적인 욕망이 아니라 객관적인 공간)이 축소되어 가고 있으며, 오늘 진정으로 중도주의적인 타협도 '해답'도 심지어 중재도 경향적으로 존재하지 않는다면, 그 결과 급진적인 정치적 주체가 새로운 국면[정세]을 특징짓는 데서 결코 소수파적이 아닌 결정적인 역할을 수행할 수 있다.

이런 기본적인 이유 때문에 공산주의 재건의 정치적·전략적 주체성이 이번 당대회의 중심적인 주제가 된다. 한 측면에서는 최근 몇 년간 축적되어온 반성을 현재화함으로써 새로운 집단적인 이론적 의식으로 강화하는 것이 중요하다. 우리의 전략적 선택은 정치적 활동의 무게 중심을 정치세력간의 관계와 제도가 아니라 오히려 사회와 계급갈등과 운동 속에 설정하는 것이다. 지난 [2002년 4월 5차] 당대회의 전략적 선택으로 인해 이런 선택은 특별히 강조되어 왔는데, 이것은 특히 최근의 운동의 경험을 토대로 해서 이번 당대회에서도 확인될 것이다.

다른 측면에서는 정치적 구상과 정치적 실천, 투쟁 속에서 일반적 역할과 영향력, 책임성의 증대와 (점점 더 필수적이고 불가결한 수단으로서) 당의 조직력 사이의 관련의 질적 비약이 본질적이다.

이런 기본적인 이유 때문에 우리 서명자 일동은 공산주의재건당 총서기[베르티노티]가 [2004년 9월에] 제출한 유기적이고 종합적인 「당대회를 위한 15개의 테제」를 정치적 투명성으로 귀결되는 설득력 있고 풍요로운 민주주의적 대결을 위해 가장 적합한 정강정책[정치노선]으로 간주한다.

이 문서는 당대회를 전후로 한 토론의 진행 속에서 '수정되고' 심화되고 풍부해지고 분석적으로 발전되고 한층 더 분명해져서 활동가와 지지자에 의해 직접 구축될 최종적인 정강정책으로 작성될 수 있고 또 그래야 할 것이다.

부시와 전쟁

2004년의 가장 중요한 사건인 부시의 재선은 (유일 사상 및 [자본주의적] 세계화의 찬란한 발전적 운명에 대한 이데올로기로서) 신자유주의와 (실질적으로 색깔 없는 중도주의적 민주당에 의해 대표되는) 그 온건한 판본의 근본적인 위기를 정확하게 확증한다.

미국의 우파는 호전적 애국주의를 완화하는 것이 아니라 오히려 강화함으로써 승리했는데, 그런 애국주의는 절대적 오만으로 미국의 제국적 사명을 주장하고 오늘 미국에서 지배적인 사회모델과 가치를 강제한다. 자본주의는 자유주의적 사상과 분리되어 신·조국·가족 같은 전현대적인 전통적 가치를 재발견하고 심지어 그것과 동맹한다. 이것은 문명의 전쟁이라는 이데올로기 및 그것에 수반되는 서양의 신근본주의에 전적으로 부합하는 반동적인 선택이다.

이로부터 안보에 대한 강박, 20세기를 특징지어온 자유·권리·진보적 문화의 제거 또는 극적인 제한이 유래한다. 동시에 공공서비스·보건의료·문화[교육] 같은 공공재를 탈규제하고 민영화하려는 시도가 진행되고 있는데, 그런 시도는 [도하개발어젠다 협상을 위한 2003년의] 칸쿤세계무역기구각료회의에서 메르코주르[남미공동시장] 조약에 찬성하는 대안세계화운동의 완강하고 효과적인 반대에 직면한 바 있다. 공산주의재건당은 이런 반대를 확신을 갖고 계속 지지해야 한다. 지구와 그 주민의 운명에 대한 점증하는 위험이 특히 지구의 남반부에서 출현하고 있지만, 그러나 또한 그곳에서 (예를 들어 라틴 아메리카 전체에서) 그런 경향에 반대하는 분명한 과정이 가시화되고 있는 것이다.

이것과 관련해서 평화투쟁이 이라크, 아라파트 없는 팔레스타인, 중동[서아시아], 아프리카에서 전에 없는 최고의 우선성을 가져야 한다. 침략전쟁, 2년째의 군사점령, 괴뢰정권, 희극적 선거의 약속은 이라크를 파괴하고 지역적 위기를 극적으로 악화시키고 있는 중이다. 따라서 대안좌파와 평화운동이 줄곧 요구해온 대로 이탈리아 군대를 비롯한 모든 외국 군대의 즉각적 철수가 평화의 건설과 민주주의적 이행과정의 착수를 위한 불가결한 조건이다. 이런 맥락에서 저항세력의 대표를 포함하는 갈등의 모든 주인공이 참여하는 진정한 국제평화회의의 소집이 중요한 전환이 될 수 있을 것이다.

유럽

유럽도 또한 '제3의 길'의 점진적인 쇠퇴, 정치적인 동시에 사회·경제적인 쇠퇴를 목격하고 있다. 이런 의미에서 유럽은 진정으로 분기점에 도달한다. 유럽은 '미국화할' 수도 있고, 그 반대로 투쟁과 운동이 결정해온 문명의 성과를 제고하여 이런 성과를 유럽의 건설 자체의 토대로 전환시킴으로써 정치적 자율성과 주체성의 진정한 새로운 전개를 결정할 수도 있다. 특히 프랑스·독일·스페인의 지배계급이 미국으로부터 확고하게 독립적인 대외정책을 선택하는 동시에 진정한 범대서양적 동반자 및 유럽적 군사강국이라는 목표를 추구함으로써 이런 분기를 회피하고자 시도하고 있다는 것은 분명하다. 그런 구상은 실질적으로 환상적인데, 유럽의 진정한 정치적 자율성은 미국적 사회 모델로부터 단절하는 유럽 없이 존재할 수 없기 때문이다.

이라크 전쟁에 훌륭하게 반대할 수 있었던 [프랑스·독일·스페인] 정부가 그렇게 자신의 민족적 영역에서는 복지제도, 즉 권리·보장의 역사적 제도를 해체하고 있는 중이다. [공공서비스 민영화를 위한] '볼켄슈타인 지침' 같은 제안이 제기되고, 또 시장의 우위를 정당화하고 평화와 권리 같은 유럽적 가치를 폐기하는 유럽연합헌법조약에 대한 제안이 정부에 의해 만장일치로 수용되는 것은 우연이 아니다. 이런 방식으로 유럽연합이 자신의 동일성과 역할에 대한 불확실성을 긍정적으로 극복할 수는 없을 것이다. 이 때문에 우리는 헌법조약에 반대하는 거대한 대중운동을 제안하는 것인데, 모든 곳에서 추진해야 할 이 운동은 [프랑스·스페인처럼 국민투표가 아니라 의회에 의해 비준되는 독일·이탈리아의 경우] 국회에서 시작해야 할 것이다. 이런 정치적이고 문화적인 투쟁은 필연적으로 가장 효과적인 수단에 의해서 가능한 한 가장 광범위한 연합을 통해서 표현되어야 할 것이다.

유일한 대안은 운동의 이니셔티브, 사회적인 대중투쟁의 성장, 비동질적인 지성의 동원을 허용하는 또 다른 유럽이라는 대안이다. 이런 점에서 [2004년 5월에 실현된] 유럽좌파당의 건설은 유럽적 정치의 새로운 사건인데, 공산주의재건당은 자신의 작업과 동일성의 본질적인 부분을 여기에 투자해왔고 또 점점 더 많이 투자할 것이다. 이렇게 하는 것은 유럽에서 작업하고 있는 대안적 주체와 주체성의 통일이 구대륙의 '미국화'와 투쟁하는 동시에 대안세계화운동 전체와 열심히 대화할 수 있는 제도적 현실을 건설하는 데 본질적이라는 바로 그 이유 때문이다. 평화, [이주민의] 환대, 사회적 연대, 보편적 시민권, 세속적[정교분리적] 민주주의, 풍요로운 세속성을 위한 유럽연합은 강력한 좌파 없이 건설될 수 없을 것이다. 이런 확신에서 우리는 유럽의회 선거 때 사용되어온 상징을 우리 당의 상징으로 채택함으로써 유럽좌파당의 전략적 선택을 완전하게 수용할 것을 제안한다.

당

지난 3년 동안 공산주의재건당은 정치·운동·사회에서 중심적인 역할을 획득함으로써 자신의 정치적 생존과 전략적 '필요성'이라는 도전에서 대체적으로 승리했다. 또한 좌파의 대부분과 종종 우파조차도 인정하는 이런 사실을 토대로 해서, 당에 대한 심각하고 철저한 반성이 시작되어야 한다. 진정한 당이 되는 데, 즉 우리에게 토로되는 광범위한 요구를 만족시키고, 여성적 실천과 성적 차이의 가치를 제고하는(valoriser) 집단적 주체로서 상이한 젠더와 동시에 상이한 세대·경험·정치문화[시빌리테]가 인정되는 '우리'를 출산하고 부양하는 데 점증하는 곤란이 존재한다.

이런 문제는 우리의 주체적 한계(이것은 분명 존재하고 또 심각하다)에서 유래할 뿐만 아니라, 모든 조직화된 정치형태(가장 오래된 형태로서 정당과 노조에서 가장 새로운 형태로서 운동과 단체까지)가 오늘 예외 없이 경험하고 있는 더욱 일반적인 곤란에서 기인하는 것이기도 하다. 따라서 의지주의적 호소와 노동자운동의 전통에 대한 환기는 충분치 않다. 유기적 실천으로 번역되기 곤란한 조직적 혁신과 실험의 결심도 또한 충분치 않다.

서클부터 연맹까지 [즉 기층조직에서] 당에게 새로운 활기를 부여하기 위해서는 훨씬 더 많은 것이 요구된다. 우리가 무엇이고 또 무엇이 되고자 하는지에 대한 연구와 토론의 체계적이고 특별히 심화된 작업이 필요하다. 이런 긴급한 목표를 위해서 우리는 2005년 말 이전에 전국적 조직회의를 개최할 것을 제안한다.

당대회를 위한 15개의 테제

1

금세기 초의 진정한 새로움은 새로운 운동의 출현과 이것이 서로 결합하여 집단적 경로를 형성하는 능력이다. 이런 새로움은 세계에게 변혁의 새로운 가능성에 대해 발언해왔다.

공산주의재건당은 이런 새로운 운동의 본성을 이해하고 이것이 방출한 자원을 결집하려고 준비함으로써 (자신의 정치의 수정과 함께) 정치의 개혁과 사회적 행위자에 대한 정치의 관계의 개혁이라는 일반적 관념을 구성하는 데 기여한다는 목표를 설정할 수 있었다.

동시에 (그러나 시간적 관계만 존재하는 것은 아니다[즉 인과적

관계도 존재한다]) 자본주의적 세계화의 실패는 점점 더 거대해졌다.

이 두 가지 요소는 자본주의 사회의 변혁을 현재적 주제로 또다시 객관적으로 제기한다.

이 주제는 또한 운동의 의식의 성장에 의해 주체적으로 제기되는데, 이것은 '또 다른 세계는 가능하다'는 사회포럼의 공식으로 요약될 수 있다.

따라서 문제는 제기되었지만, 그러나 해결되지는 않았다. [이 때문에] 또 다른 시나리오도 개시되는데, 사회·경제적 위기의 악화와 전쟁에 의해 초래되는 문명의 갈등이 그것이다.

불확실성이 우리 시대를 지배한다.

'사회주의[또는 공산주의]인가 야만인가'라는 대안은 이 시대에도 적합하다.

2

이탈리아에서 공산주의재건당은 [2004년] 유럽의회선거와 [2005년] 지방선거에서 중요한 성과를 획득했다. 전반적인 정치적 구상은 보상받았는데, 운동의 내부에 존재한다는 전략적 선택, 사회·정치적 반대 세력 전체에 대해 또한 동시에 대안좌파 건설에 대해 개방한다는 정치적 제안, 정치와 정치의 주체의 혁신, 노동자운동의 정치문화와 이론의 혁신이 그것이다. 당 전체에 의해 획득된 유산으로 간주되어야 하는 이런 축적은 오늘 [공산주의] 재건의 차후의 전개를 위한 토대가 된다.

이런 성공은 이탈리아 정치제도의 불안정성에 대해 안정적인 우파적 해결책을 제공하려는 시도의 위기가 폭발한 상황 속에서 달성되었다. 이런 시도의 중심축에 '베를루스코니주의'라고 불려온 신보수주의적 성격의 복잡한 현상이 존재한다.

이런 위기에 대해서 객관적인 동시에 주체적인 원인이 존재하는데, 자본주의적 세계화의 실패라는 거대한 국제적 경향과 [대안세계화]운동의 성장의 압력이 그것이다. 결국 이런 두 가지 원인 때문에 베를루스코니의 구상은 특히 실패했던 것이다.

이탈리아에서도 완전히 새로운 사회·정치적 국면이 출현했는데, 그것에 대처하기 위해서는 베를루스코니를 축출하는 것만으로는 불충분하다. 오히려 그 반대로 그의 성공을 초래한 근본적 원인과 대결할 필요가 있는 것이다. 문제는 대안사회의 건설이다. 신자유주의적 참화 이후에 이탈리아의 물질적 구성[헌법]을 다시 작성해야 하는 것이다.

3

위기에 빠진 사회·경제정책의 이데올로기적 구조인 동시에 전반적 모델로서 신자유주의는 그 동안 새로운 경로를 개척하여 [변화를 위한] 새로운 정책의 전개를 또다시 저지하려고 시도한다. 신자유주의의 새로운 판본은 기업의 생존이라는 '현실주의' 배후에 은신한다. [자유에 대한] 위대한 약속을 폐기하고 필연의 상태를 제안한다. 논란의 여지없는 위기의 객관성과 국제경쟁에 의해 강제되는 필연성을 인정하라고 요구하는 것이다. 그 목적은 경쟁의 객관적 위협 아래 권리·노동조건·임금의 표준을 하향 조정하는 것이다.

이것은 구체적인 동시에 현상적인 현실의 배후에 은신한다는 의미에서 은밀한 공격인데, 이런 현실 속에서 정치를 좌절시키고 단체교섭에서 노조의 역할을 역전시키려는 노동자에 대한 협박이 실현된다. 기업에서 사회관계 및 노동법·사회법의 체계 전체까지 소급하고자 하는 이런 핑계의 일차적 목적은 전국적인 단체교섭을 제거하는 것이다.

이런 공격이 신중도주의적인 정치적 구상, 즉 신자유주의적 정책의 기본적 영감에 대해서는 검토하지 않고 우파와 베를루스코니주의의 위기로부터 온건한 방식으로 탈출하려는 구상을 지지하는 물질적 토대다.

4

광범위한 중도주의적 세력(정당·노조)을 포함할 수 있는 포괄적인 제안이라고 주장하는 이런 새로운 신자유주의적 공격에 대해서 방어적인 방식 또는 고립된 개별적인 방식으로는 효과적으로 대응할 수 없다.

이런 구상을 패퇴시키기 위해서는 사회·정치적 반대 세력의 질적 비약이 요구된다. 이런 새로운 과제를 수행할 행위자는 대안적 구상에 기여하고자 하는 좌파정당, 정부와 기업가단체에 대한 새로운 자율성을 구상하고 실천하는 노조, 작업장 및 지방에서의 투쟁 속에서 표현되는 운동의 결합이 되어야 한다.

이 주체들 전체는 운동의 통일이라는 구상을 구체화하고 가시화할 수 있는 통일적 이니셔티브를 생산해야 한다. 이탈리아 사회를 개혁하기 위한 운동의 전반적인 구상에 진력해야 한다. 이런 목적으로 노동세계 및 지방에서의 비판적 경험과 투쟁의 해후에 진력해야 한다. 운동들의 운동[대안세계화운동], 평화운동, 사회적 갈등 및 노동의 경험과의 관련을 통해서만 신자유주의의 새로운 도전에 대한 효과적인 반대와 대안, 나아가 정치의 (지금 여기서의) 부활이 가능할 수 있을 따름이다.

5

절대적 불안정성의 국면이 개시된다. 정치는 부활의 가능성과 소멸이라는 두 개의 대립적인 경향에 의해 관통된다. 민주주의는 심각한 위기를 경험하는데, 그 결과 인민주권이라는 관념조차 제거될 수 있다. 우리는 민주주의 없는 미래를 맞이할 수도 있다. 세계에서, 유럽에서, 이탈리아에서 정치적 국면은 두 개의 탈출구에 개방되는 이런 위기에 의해 계속 특징지어진다. (정부에 대한 점증하는 반대와 별도로) 유럽의회선거조차 정치제도의 심각한 질병과 그것에 대한 불신을 표출한 바 있다. 이런 위기는 제도뿐만 아니라 또한 대중에게도 영향을 끼치는데, 대중은 정치를 재영유하려는 열망과 동시에 (일상생활로부터 분리된) 정치로부터 탈출하려는 충동에 의해 관통되고 있다.

6

위대한 동시에 가공스런 20세기에 대중은 계급투쟁을 통해 정치에 진입했고, 정치 속에서 미증유의 위대한 해방의 경험이 생산되었다. 그러나 동시에 두 차례의 세계전쟁, 아우슈비츠의 잔혹으로 귀결된 파시즘과 나치즘 같은 가공스런 비극도 발생했다. 노동자운동은 20세기의 위대한 주인공이었지만, 그러나 자신이 국가로 구성된 포스트혁명적 사회, 해방을 향한 자신의 열망이 극적인 형태의 억압으로 반전된 포스트혁명적 사회의 실패라는 주요한 이유로 인해 패배했다.

따라서 스탈린주의[더 정확하게 말하자면 볼셰비키주의]에 대한 비판은 그 체제의 변질에 대한 비판일 뿐만 아니라 또한 동시에 그런 결과를 초래한 핵심에 대한 비판이기도 하다. 이 때문에 이런 비판은 공산주의와 그 건설 방식에 대한 새로운 관념의 구성을 위한 필수불가결한 요소다.

그래서 운동의 경험, 새로운 사회적 실천과 그것을 통해 전개되어온 반성은 권력에 대한 비판을 구성할 수 있게 해준다. 이런 비판은—또한 [다음 항목에서 설명하는 대로] 지금 여기서의 집단적 행동의 지침으로서 비폭력의 선택을 통해—해방과 변혁의 현실적 과정으로서 정치의 새로운 관념과 실천을 탐구하는 데 기여한다.**)

**) 이런 관점은 발리바르가 말하는 해방·변혁·시빌리테의 정치 또는 상징적(이상적)·현실적·가상적(허구적) 보편성의 정치와 친화성을 갖는다. 윤소영, 『역사적 마르크스주의: 이념과 운동』, 공감, 2004 또는 이 책에 실린 제르볼리노의 「정치의 재발견, 민주주의의 재발명」을 참조하시오.

이렇게 해서 20세기의 패배와 노동자운동의 위기로부터 좌파적으로 탈출할 수 있는 가능성이 일정에 오르는 것이다. 이렇게 해서 우리는 새로운 노동자운동의 건설에 진력할 수 있는 것이다.

우리의 연구와 실험의 지평으로서 공산주의 재건은 이런 도전에서 자신의 근거를 발견한다.

7

갈등은 극적인 것이 된다. 무한전쟁의 상태는 자본주의적 세계화의 본성 자체에 의해 부화되는 것이다. 갈등의 해소라는 약속과 반대로 세계화는 세계적 불평등의 악화, 부의 집중, 갈등의 격화를 통해 불안정성을 생산한다. 약속된 성장 대신 그것은 위기를 생산한다. 경쟁조차도 파괴적인 것이 된다. 예방전쟁은 이런 불안정성에 대한 제국적 해답이 추구되는 체계다. 그러나 결과는 더욱 근원적인 새로운 불안정성의 생산이고, 무한전쟁의 교리에 따라 그것에 대응하는 전쟁의 강도가 한층 더 심화된다.

전쟁은 그 자식 또는 형제로서 테러리즘을 조장한다. 테러리즘은 [해방과 변혁의] 정치로부터 자율적인 [또는 오히려 전쟁과 마찬가지로 이런 정치의 조건을 파괴하는] 구상으로서 출현한다. 우리는 전쟁의 경우와 동일한 방식으로 테러리즘의 수단과 목적에 대해서 비타협적으로 반대한다.***)

***) 폭력과 비폭력, 또는 발리바르 식으로 말하자면 레닌과 간디를 둘러싼 공산주의재건당 내부의 토론에 대해서는 Domenico Jervolino, "Violence, non-violence et critique de la politique" (Congrès Marx International IV, Atelier 6 de la Section Etudes marxistes: Pouvoir, contre-pouvoirs, violence, oct. 2004), http://netx.u-paris10.fr/actuelmarx/index4.htm을 참조하시오. 스탈린주의적[볼셰비키주의적] 소수파인 사키 그룹/에르네스토 그룹과 친화성을 갖는 라비카는 폭력과 비폭력이 철학적 문제가 아니라 정세적 문제로 사고되어야 한다고 주장하지만, 그러나 발리바르의 주장도 대안세계화운동과 평화운동의 결합이라는 정세적 맥락에서 제기되는 것은 마찬가지다. Georges Labica, "La violence? Quelle violence?", juin 2005, http://semimarx.free.fr/IMG/pdf/LABICA_La_Violence.pdf.

부시 정부의 제국적 전쟁은 무한전쟁이고, 이라크는 그 시험대다. 무한전쟁은 문명의 전쟁으로 귀결될 것이다.

8

우리 시대의 일차적인 요구를 표현하는 평화는 정치의 부활을 위한 지반이다. 평화는 전쟁의 부재[즉 부정적·수동적 평화]가 아니라, 제국적 지배를 패퇴시키고 대신 자기결정과 대화를 토대로 해서, 다양한 사회·문화적 관계를 토대로 해서 새로운 세계질서를 구상하는 새로운 세계의 건설[즉 긍정적·능동적 평화]로서 추구되어야 한다. 과거에 부분적으로 그랬던 것처럼, 군사력을 토대로 하는 [공포의] 균형의 창조를 통한 새로운 질서의 건설에 대해 사고하는 것은 오류일 뿐만 아니라 또한 환상이기도 하다.****)

이런 도전을 위한 기본적인 지렛대는 새로운 평화운동인데, 이것은 무장해제[군비축소]를 위한 비무장의 세력이고, 전쟁과 그 논리에 반대하면서 대안문명·문화[시빌리테]를 건설하기 위해서 [정치의] 지반에 진입하는 또 다른 세계권력이다.

이런 위대한 혁신은 이런 새로운 열망을 해석하고 경제적·사회적·국가적 관계에 각인할 수 있는 새로운 조직화된 정치적 주체를 건설할 필요성을 부각시킨다. 이것은 또 다른 유럽을 건설할 수 있는 지반이 되는데, 이런 사명의 발견을 통해 유럽은 자신의 근본으로 복귀하여 신자유주의와 무한전쟁에 대한 대안적인 경제적·사회적·문화적 모델을 실현할 수 있을 것이다. 미국에 대한 유럽의 자율성과 독립성은 바로 이것을 토대로 해서 지지될 수 있을 것이다.

우리가 공동발기자이자 공동창건자인 유럽좌파당은 이런 목적을 추구하기 위한 수단이 되고자 한다.

****) 더 자세한 설명은 윤소영, 「전쟁의 원인과 주체」, 『일반화된 마르크스주의의 쟁점들』, 위의 책을 참조하시오.

9

변혁을 위한 새로운 주체의 건설은 정치의 위기와 노동자운동의 위기로부터 좌파적으로 탈출하는 데 결정적인 주제가 된다.

이런 과제를 수행하기 위해서 우리는 정치의 무게 중심을 제도와 정당에서 사회와 운동으로, 즉 대표에서 생활 및 사회관계의 직접적 조직으로 전환할 필요가 있다.

신자유주의적 세계화를 특징짓는 기본적인 표지는 불안전성이다. 이것은 노동과 생활의 시간과 양식, 생산관계와 사회관계를 규정하는 일반적 조건, 심지어 생명을 수정하려고 시도하는 조건이 된다.

이중적 변화, 즉 새로운 자본주의가 노동에 대해 수행하는 복고혁명과 그것에 대해 반작용하는 새로운 운동은 임노동의 해방을 요구하는 경험(노동 갈등)과 임노동으로부터의 해방을 요구하는 경험(상품화로부터 자유로운 공공재의 건설, 시장으로부터 (부분적이라도) 자유로운 관계 및 활동의 실현, 환경 및 지방사적 유대의 가치화(valorisation)) 사이의 새로운 동맹을 제안한다.

이런 새로운 동맹은 대안의 건설을 위한 중요한 요소로서 비판적 문화와 경험의 참여를 허용할 것이다.

페미니즘은 차이와 개인의 가치화, 성차별주의와 육체·생명에 대한 과학주의적 지배에 대한 대항을 토대로 하는 사회 및 사회관계라는 관념을 위한 기본적인 기여다. 생태주의는 '발전주의적' 모델, 심지어 '지속가능한 발전'에 준거하는 그 온건한 판본에 대한 비판을 구성한다. 평화주의 및 수많은 비폭력적 실천은 이윤과 권력의 지배에 대항하는 관계의 네트워크의 건설로서 출현한다.

사회의 근원에서의 독창적 경험의 실현에 대한 이런 이론적 연구와 정치적 작업은 이런 탐구[연구와 작업]에 관심을 갖는 모든 세력이 그 위치와 무관하게 교류할 수 있는 대안좌파를 건설하기 위한 기본적인 토대를 구성한다.

이탈리아와 유럽에서 좌파가 또다시 주인공이 되는 시간이 왔다.

10

이런 탐구의 배경은 참여와 갈등을 위한 민주주의의 건설이다. 바로 이탈리아 헌법의 진보적인 성격이 공격받는 것은 우연이 아니다. 이런 공격은 상이한 형태를 띤다. [국제적 갈등의 해결책으로서 전쟁을 기각하는] 11조는 [이라크 전쟁 참전으로 인해] 실천적으로 폐지되고, 미래의 사회·경제적 질서를 위해서 아주 중요한 이주민이라는 주제는 공안 문제로 환원되고, 공화국의 반파시즘적 성격은 제거될 위험이 있고, 사회 보장과 권리 인정의 통일적[보편적] 성격의 기본적 요소는 해체되고, 의회는 [인민주의로 인해] 무력화되는 것이다. 반쪽 짜리 민주주의의 관념이 실질적으로 주장되는데, 이것은 신자유주의적 모델의 기능에 적합하고, 시장의 지배에 종속되며, 따라서 관성적이고 결국 무용한 민주주의다.

운동의 비판을 정치적이고 강령적인 대안좌파로 전환할 수 있는 참여민주주의[직접민주주의를 토대로 하는 대표제]의 건설은 우리가 당면한 기본적인 도전이다.

참여와 평화의 추동력으로서, 새로운 사회·국가적 관계의 건설로서 민주주의는 자본주의 사회의 변혁과정의 지금 여기서의 부활에서 일차적인 역할을 수행한다.

11

유럽에서 대안좌파가 공동정부를 구성하는 문제는 이런 틀에서 고려되어야 한다.

권력 장악과 권력 그 자체에 대한 비판은 이제 공동정부와 그 위치를 구상하는 방식에 영향을 끼치지 않을 수는 없다. 우리의 전략에서 정부는 가치의 선택[원칙적 문제]이 아니라 오히려 정치적 국면에 종속되는 변수[정세적 문제]다. 즉 정부가 대안정치를 위한 목표 또는 돌파구라는 것이 아니라, [정세에 따라서는] 정부가 대안정치를 위해 필요한 통과점일 수 있다는 것이다.

이탈리아에서 이런 필요성은 정확한 정치적 정세, 즉 베를루스코니 정부의 패퇴와 [부르주아지가 선호하는 베를루스코니와 좌파민주당의 대연정이 아닌] 대안정부의 건설이라는 더 이상 연기될 수 없는 요구가 제기되는 정세 속에서 발생한다.

이 때문에 오늘 우리는 공동강령에 입각한 대안정부, 즉 공산주의재건당을 비롯한 대안좌파 전체가 [공동으로] 주인공이 되는 공동정부를 구성하기 위한 좌파연합이라는 목표를 채택한다. 우리는 참여민주주의의 건설이라는 그 일차적인 목적을 규정하기 위해서 이것을 민주연합이라고 부른다.

참여민주주의의 건설은 방법의 문제일 뿐만이 아니다. 그것은 또한 개혁적인 강령의 일차적인 내용이기도 하다. 비판적인 주체 또는 사회적으로 능동적인 주체의 자율성은 더 이상 운동과 조직을 소외로부터 보호하는 우선성일 뿐만 아니라, 또한 동시에 오늘 개혁과정 전체의 가능한 동력이 되고 이 때문에 대안정부의 공동강령의 기본적인 논점이 되어야 한다.

필요한 일차적인 개혁은 정치의 개혁과 공동정부의 구상 자체의 개혁이다. 바로 이런 개혁의 중요한 부분은 대안좌파와 함께 공산주의재건당의 공동정부로부터의 전략적 자율성의 달성이다. 공산주의재건당은 대안좌파와 함께 오늘 베를루스코니 정부에게 반대하는 모든 세력의 강령적 동의의 수준에 따라 공동정부에 참여할 수도 있을 것이다.

이렇게 하기 위해서 공산주의재건당과 대안좌파는 공동정부의 경험을 통해 운동의 질적 성장에 기여할 수 있어야 하고, 또 이 국면에서 가장 원대한 공동강령의 실현을 위한 더 광범위하고 더 복잡하고 더 장기적인 정치적 활동을 사회 속에서 전개할 가능성에 기여할 수 있어야 한다.

이런 참여에서 우리의 목표는 '시계추의 법칙'(loi du pendule),

즉 좌파가 야당일 때는 희망과 기대를 불러일으키고 좌파가 여당일 때는 실망시키는 법칙을 변화시키는 것이다. 이런 법칙으로 인해 좌파는 광범위한 대중에게 정치에 대한 불신을 확산시켜 우파의 재집권을 위한 조건을 생산해왔던 것이다.

12

이 국면에서 대안강령의 기본적인 특징은 베를루스코니 정부의 정책과의 단절, 그것에 대한 현실적 대안의 건설, 나아가 운동의 자율성과 계급적 갈등이 사회의 변혁을 위한 새로운 공간을 점령할 수 있는 방도의 개척이 되어야 한다.

처음부터 분명한 메시지를 전달하여 모든 개혁적인 에너지의 동원을 호소해야 하는 대안강령의 지침은 세 가지다. 첫째, 이탈리아는 국제적인 수준에서 전쟁과 테러에 대해 반대하고 평화에 기여해야 한다. 우선 이라크 전쟁을 종식시키기 위해 철군해야 하고, 나아가 세계 평화, 남북 협력, 종교·문명간 대화를 위한 유럽을 건설해야 한다.

둘째, 이탈리아에서 베를루스코니 정부의 정책과 그것이 야기한 사회적 통합성의 위기는 변화를 위한 새로운 정책의 개시를 저해하는 장애가 된다. 이 때문에 경제적·사회적·시민적 영역에서의 개혁을 위한 행동은 불가피한 과제 수행이다. 한편으로 [노동의 신축화를 위한] 노동법 30조, [이주민의 규제를 위한] 보시·피니법, [인문교육과 실업교육의 분리라는 교육개혁을 위한] 모라티법의 폐지, 다른 한편으로 인공수정법의 폐지는 이런 정치적 작업의 필요성과 위력을 분명하게 보여준다.

셋째, 사회적 변화의 성숙한 기대를 구체화하는 포부를 갖고자 하는 강령의 장점은 이탈리아가 그 미래를 구상할 수 있게 해주는 새로운 질서라는 영역에서 실현된다. 이것은 신자유주의적인 순환과 단절하는 위대한 개혁, 사회조직의 전반적인 모델의 혁신을 위한 방도를 개척하는 개혁이다. 이런 개혁은 네 가지 주요한 축을 갖는다. 즉 노동의 가치화와 임금·연금에 유리한 소득의 재분배, [청년·학생·실업자를 위한] 사회임금의 도입, 금리·지대생활자를 공격하는 정책; 새로운 보편적 시민권을 구성하기에 적합한 개인적·집단적 권리의 획득·규정·확대, 개인에 대한 존중, 모든 남녀국민의 보장·보호; 환경·지방·문화의 공적 가치화를 통한 시장의 논리로부터 자유로운 공공재의 건설; 경제에 대한 새로운 공적 개입의 건설, 사회·경제적 모델의 혁신을 위한 요인을 조직하는 계획의 건설이 그것이다.

13

대안사회를 위한 강령은 공동정부를 위한 강령으로, 심지어 가장 선진적인 공동강령으로조차 환원될 수 없다. 정세적 강령으로 사고해야 하는 대안사회강령은 유럽 자본주의 내부에서 이탈리아 자본주의에 대한 담론을 토대로 해야 한다. 즉 미래에 대한 구상을 포기한 채 위기 속에서 동요하면서 위기에 극단적으로 적응하는 다양한 판본의 신자유주의에 의지하는 지배계급과 [자본주의의] 쇠퇴에 대한 담론 말이다. [그러나 또한 동시에] 이런 정세적 강령은 또 다른 유럽과 그 내부에서의 또 다른 이탈리아에 대한 전망, 변화를 위한 운동이 암시하는 또 다른 가능한 세계 내부에서 우리가 향후 10-15년 동안 예시할 수 있는 전망에 초점을 맞춘다. 이런 전반적인 의미에서 대안사회의 건설을 위한 강령은 우파에 대한 대안정부를 위한 강령적 차별성의 선택(그러나 이런 선택조차도 아주 곤란하다는 것을 우리는 안다) 속에만 존재하는 것이 아니다. 이런 강령은 또한 운동의 발전과의 관계가 주요한 지렛대가 되는(그러나 이것만으로는 충분치 않다) 변혁과정의 정치적 구상과 건설을 구체화할 것을 요구한다.

이것이 우리가 도전하는 탐구다. 우리가 이제부터 제안하는 것은 이런 경로의 지평이다.

유럽 전체와 각국에서 변화를 지향하는 세력을 위한 정세적 강령의 지평이 그 출발점이 될 수 있는데, 이런 강령은 자본주의적 발전의 현재의 국면에서 평등이라는 숭고한 포부를 수용해야 한다. 이것은 자본주의의 새로운 순환을 특징짓는 불평등의 악화 경향과 즉각적으로 단절하고 그것을 역전시켜 개인적 평등으로의 접근과 계급관계의 기본적 변화라는 중요한 단계를 형성하는 방식으로 구체화되어야 한다. 두 가지 전략적 목표가 이런 전망을 구체화해야 하는데, 완전고용의 달성과 [추상적으로 보편적인 '세계적 시민권'(하버마스) 또는 '노마드적 시민권'(네그리)이 아니라] 남성과 여성, 원주민과 이주민을 위한 [구체적으로 보편적인] 초민족적 시민권의 달성이 그것이다. 이런 시민권은 사회적·시민적·문화적 권리 및 공공재에 대한 보편적 접근의 복합체, 요컨대 새로운 초민족적 사회국가[복지국가]의 작동을 토대로 해야 한다.

초민족적 사회국가 속에서 또 계급갈등의 세계화로의 경향 속에서, 오늘 현존하는 모든 형태의 임노동, 즉 전통적 임노동과 새로운 임노동은 민주주의·권력·자유의 새로운 법률적[제도적] 규정을 획득해야 한다. 지난 20년간의 경향에 반대하여 남녀노동자는 오늘 노동에 직접·간접으로 포함되는 지적·창조적 요소의 가치화와 직접적 요소의 (개별적) 일반화를 통해서 해방과정의 새로운 단계를 통과할 수 있어야 한다. 노동의 수행 속에서 또 노동과 생활의 관계 속에서 자기통치의 요소를 획득해야 한다. 신축성에 반대하여 개인적·집단적 욕구를 충족시키기 위한 '경직성', 이것을 통해서 사회통제[시빌리테]와 참여민주주의의 새로운 형태가 출현하는 경직성의 요소를 획득해야 한다. 투쟁의 영역과 동시에 변혁의 주체(새로운 노동자운동)에 대한 이런 탐구는 이탈리아와 유럽에서 대안좌파의 탄생을 위한 산파가 될 수 있을 것이다.

14

대안좌파의 건설은 좌파민주당과 마르게리타[구기민당 좌파]의 선거연합보다 좌파적인 정당에 속한 정치계급의 모종의 결집에서 해답을 발견하려는 모든 유혹을 회피해야 한다. 우리는 전혀 다른 주체성과 전혀 다른 정치적 포부에 준거해야 한다. 우리는 부단한 정치적 작업의 공동의 경험이 성장하는 위원회·서클·연합·자치조직을 전국에 걸친 모든 다양한 현실 세계에서 또 갈등과 사회적 실험의 장소에서 건설할 것을 제안한다. 우리는 이 모든 경험을 토론할 수 있는 전국회의를 자발적으로 소집할 것을 제안한다. 이 회의는 점차 공동의 경험이 되어가는 운동을 실험한 바 있는 또 이런 회의의 필요성을 인정하는 모든 정당·분파·노조·운동·참여지방정부·사회단체·위원회·개인에게 문호를 개방하여, 상호 평등한 인정 속에서 상호 결합함으로써 공동의 행동과 공동의 정치적 구상을 결정해야 한다. 우리는 대안좌파의 구성을 위한 회의를 공개적으로 또 공동으로 소집하자고 제안하는 것이다. 시간은 성숙했고 또 무한하지 않다. 모든 당사자의 선택 속에서 자원과 의지를 조직해야 한다. 우리는 이렇게 할 준비가 되어 있다.

15

공산주의재건당은 [대안좌파의 건설이라는] 이런 구상의 기본적인 제안자이자 그 주인공 중 하나다. 이것이 가능한 것은 우리의 활동능력과 득표능력, 전사회에 걸쳐 모세혈관처럼 연결되는 현존 때문만이 아니다. 이것이 가능한 것은 우선적으로 우리가 갈등의 내부에서 능동적인 역할을 수행하고, 금세기의 운동의 위대한 혁신을 파악하여 우리 자신의 정치적 문화와 구상의 혁신을 통해서 운동과의 관계를 발전시킬 수 있기 때문이다.

변혁의 모든 관념이 제거된 것 같이 보이던 곤란한 시기에 공산주의재건당은 이론적 연구와 정치적·문화적 행동을 개방해왔다. 이제 대안좌파를 건설함으로써 더욱 전진하여 사회변혁의 전반적인 과정에 정치를 다시 개방하고 또 이 과정에서 정치가 또다시 주요한 역할을 수행하게 만들 수 있을 것이다.

쟁점으로 제기되는 것은 오늘도 또 앞으로도 지속될 공산주의재건당의 존재와 그 정치적·문화적 자율성이 아니다. 쟁점으로 제기되는 것은 그 반대로 유럽좌파당의 건설과 함께 유럽적 차원에서 시작된 것과 같이 [이탈리아 좌파가] 다함께 진정한 질적 비약을 달성할 수 있는 가능성인 것이다.

이 때문에 새로운 결집과 관계의 형태를 개방하고 실험한다는 의미에서 진정하고 심오한 당의 개혁은 [공산주의] 재건과정의 기본적인 주제가 된다. 이런 도전을 공유할 수 있는 우리는 다수다.

공산주의 재건에서 대안좌파 건설로*)

파우스토 베르티노티

파우스토 베르티노티, 그의 정치적인 전환, 이탈리아와 유럽의 좌파가 당면한 문제에 대한 그의 혁신적이고 더욱 과감한 접근법에 대해서 요즘 수많은 방송 보도와 신문 기사가 있었다. 며칠 전 오후에 나[초대 편집장 파를라토(Valentino Parlato)]는 편집장 폴로(Gabriele Polo), 정치국장 로시(Cosimo Rossi)와 함께 그를 인터뷰했다. 그와의 대화는 유용하고 영감 넘치는 것이었는데, 흥미로운 여담도 많았다.

— 우리의 토론을 두 부분으로 나눠보도록 하지요. 첫 번째 질문은 신문 지상에 보도된 바 있는 계급 개념을 대체하는 개인이라는 관념과 '망치[노동자]와 낫[농민]' 같은 공산주의적 상징과의 결별, 요컨대 패러다임의 전환이라고 부를 수 있는 것입니다. 또 다른 질문은 [이번 달에 치러질] 총선 이후의 상황인데, 우리가 승리할 것 같이 보이지만, 그러나 공산주의재건당은 중도좌파정부와 어떻게 지낼 것인지요?

— 첫 번째 측면인 거대한 전환과 관련해서 말하자면, 주류 언론

*) Fausto Bertinotti, "Italian Communists Move beyond Communism", *Il Manifesto*, April 2006, http://info.interactivist.net/article.pl?sid=06/04/19/0045246.

은 이것에 대해 오도하는 경향이 있습니다. 정치정세의 관점에서 볼 때, 이것을 유럽적 좌파운동의 일부로서 주요한 전환이라고 부르는 것이 옳을 수 있습니다. 하지만 정치문화[시빌리테] 전체의 관점에서 볼 때, 이것은 주요한 전환이 아닙니다. 이 차원에서 우리는 그런 전환의 발생에 필요한 자본주의와의 근본적인 단절을 아직도 기다리고 있는 중입니다. 또한 이런 [전환이라는] 관념은 정치적으로 주관적인 것이므로, 그것을 공표하는 데는 일정한 성급함이 있습니다. 나는 '전환'을 유럽좌파당의 이탈리아 지부[2007년 6월에 좌파민주당 좌파와 건설하기로 합의하는 이탈리아유럽좌파당]를 건설하는 과정의 일부로 간주합니다. [그러나] 정치문화의 관점에서 볼 때, 전환은 일정한 불연속성의 전개로 간주될 수 있습니다. 영감은 항상 동일합니다. 자본주의에 대한 비판의 핵심에서 변혁, 즉 자본주의의 지양을 위한 정치문화와 이론을 재건할 수 있는 토대를 추출해내자는 것이지요. 따라서 우리의 일차적 과제는 스탈린주의[더 정확하게 말하자면 볼셰비키주의]와 완전하게 단절하는 것입니다. 왜 이런 단절이 필요한 것일까요? 스탈린주의는 변혁과정에 대해서 결정적인 장애이기 때문입니다.

— 그러나 스탈린주의와의 단절은 시대착오 아닙니까?

— 어쩌면 당신은 그렇게 생각할지도 모르겠지만, 그러나 나는 이런 비판이 여전히 아주 적절하다고 믿습니다. 나는 스탈린주의가 항상 자기재생산하면서 영속적으로 정치를 위협하는 정치적 접근법이라고 생각합니다. 우리가 변화를 위해 노력할 때마다, 1세기 동안 또는 그 이상으로 항상 우리를 압박하는 요소가 존재합니다. 그것은 권력 장악에 대한 강조와 정치의 아주 오만한 자율성입니다.

— 그러나 당신이 진정한 전환을 하려면 치열한 투쟁이 벌어진다는 것은 사실이지요.

— 좋습니다. 그러나 그렇다고 해서 군사적 방법이 [항상] 필요

하다는 의미는 아니지요. 물론 아직도 때로는 그런 일이 벌어지지만요. 이것의 진실은 스탈린주의가 이른바 정통파 속에서 계속 반향을 일으킨다는 사실에서 발견할 수 있습니다. 하지만 나는 이것이 외부적인 문제, 다른 곳에만 존재하는 문제일 뿐이라고는 결코 생각하지 않습니다. 나는 이것이 우리 내부[예를 들어 공산주의재건당의 소수파인 사키 그룹/에르네스토 그룹]에도 존재한다고 생각합니다. 이것은 아주 강력한 악습입니다.

— 그러나 어쩌면 어떤 상황에서는 이것이 필요하겠지요.

— 나는 전혀 그렇게 생각하지 않습니다. 그렇다면 오히려 파국일 것이라고 생각합니다. 그리고 나는 우리가 과정의 기본적 요소로서 변혁이라는 관념을 수용해야 한다고 굳게 믿습니다. 우리는 대규모의 조직화된 세력[전위당]의 지배에 의지하는 대신 '비판적 참여'라는 관념으로 돌아가야 합니다.

— 달리 말하자면, 공산주의 대신 민주주의라는 것인가요?

— '변혁을 통한 민주주의'라고 하지요. 이것은 공산주의를 '대체하는' 것이 아니라 오히려 '지향하는' 민주주의를 의미합니다. 그런데 그렇다면 비폭력이라는 질문이 존재합니다.

— 이 문제에 대해서는 이견이 있습니다. 폭력은 사회의 일부이고, 사물의 존재방식의 일부이기 때문이지요.

— 자본주의가 그렇습니다. 그리고 이 때문에 나는 자본주의를 지양하고자 하는 것입니다.

— 그러나 우리는 모든 이가 선한 세계에서 사는 것이 아니지요.

— 동의합니다. 그러나 달라지는 것은 우리에게 달려 있지요.

— 맞습니다. 그러나 당신이 정부에 참여한다면, 비폭력이라는

당신의 원칙이 국가와 군대를 수단으로 폭력을 행사하는 세력을 다룰 때 어떻게 적용될까요?

— 나는 오늘 우리가 현존하는 모든 소외 및 착취와 함께 진정한 문명의 위기를 향해 나아가고 있다고 생각합니다. 내 생각으로 이것은 자본주의와 그것이 강조하는 무한경쟁이 초래한 위기이고, 그 결과 오늘 위기는 실제로 폭발하기 직전의 위험한 상태입니다. 이런 상황에서 문화의 교류가 이루어질 수 있는 유럽-지중해라는 관념은 기본적입니다. 이런 관념을 실현하기 위해 전쟁은 구조적으로 금지되어야 합니다. 그것은 터부가 되어야 합니다.

— 좋은 말씀입니다. 그러나 정치는 무엇을 할 수 있나요?

— 우선 당신은 당신의 정당 및 정부에게 제안할 몇 가지 정치적 관념을 가질 필요가 있습니다. 나는 평화주의를 선택하는데, 그러나 나의 동맹자[좌파민주당]가 그것을 채택해야 한다고 말하는 것은 아닙니다. 정부는 무엇을 해야 할까요? 나는 정부가 전쟁 수행을 거부하는 우리 헌법 11조에 표현된 기본적인 가치로 돌아가야 한다고 요구합니다.

— [작년 10월 중도좌파연합 예비선거에서 총리 후보로 선출된] 프로디는 국제연합과 함께라면 개입할 수 있다고 말하는데요.

— 그것은 필요하지만 충분한 조건은 아니지요. 종족학살이 [국제연합의] 일반적 동의에 따른 개입을 위한 실천적 근거일까요? 예. 그러나 일반적 동의가 종족학살에 대한 개입에 충분한 조건일까요? 아니오. 국제연합 자체가 종종 어떤 나라들에 의해 조작되어 왔고 [무력화시키겠다고] 위협받아 왔기 때문에 특히 그렇습니다.

— 그렇다면, 일단 총선에서 승리하신다면…?

— 우리는 [공동강령에서 약속한 대로] 이라크에서 이탈리아 군대를 철수시킬 것입니다. 그리고 이것은 작은 일이 아니지요.[**)]

— 이것은 중요한 일입니다. 그러나 나는 당신이 차기 정부의 일원으로 다른 갈등들을 어떻게 다룰지 아직도 궁금하군요. 프로디는 국제연합의 개입에 찬성하고, 당신은 반대하기에 말입니다.

— 꼭 그런 것은 아닙니다. 자료를 봅시다. 공동강령에는 우리가 군비축소에 찬성한다고 명확히 써 있습니다. 이 문제에 대한 갈등이 있다면, 우리는 투쟁할 것입니다.

— 여기서 새로운 사실은 우리가 공동정부에서 탈퇴하지 않고서도 이 같은 문제에 대해 투쟁할 수 있다는 것이지요.

— 이런 맥락에서 나는 주요한 곤란이 대외정책에 있는 것이 아니라 오히려 사회·경제정책에 있다고 생각합니다. 대외정책에서는 베를루스코니는 물론이고 우리가 코소보전쟁 1년 전[1998년]에 탈퇴한 올리브연합(1996-2001)과 비교해서도 명확한 단절이 존재합니다. 우리가 유사한 상황에 또다시 직면하지 않을 것이라고 분명하게 말할 수는 없어도, 그러나 나는 그러리라고 예상하지는 않습니다. 오늘에는 과거와 분명하게 단절하는 대외정책에 대한 공동강령이 존재합니다. 나는 2001년 이후 이탈리아가 변화했다고 생각합니다. 위로부터는 베를루스코니로 인해 나쁜 쪽으로 변화했지만, 아래로부터는 운동으로 인해 좋은 쪽으로 변화했다고 말입니다.

— 그러나 이런 운동의 물결에 대한 정치적 대표는 아직 존재하지 않습니다.

— 여기에는 이중적 질문이 존재합니다. 정치적 대표라는 질문뿐만 아니라 또한 운동을 구성하는 다양한 조직이 운동의 당면한 문제를 직접 해결할 수 있는 능력이라는 현실적 질문 말입니다. 이

**) Circolo "Karl Marx" London, "A Reply to the Articles by Tariq Ali and Tom Behan published by *Socialist Worker*", July 2006, http://circolokarlmarx.rifondazione.co.uk/DocCircolo/docKM050.htm

운동에 통일된 '구성'(composition)을 제공한다는 현실적 질문이 존재하는데, 이것은 운동과 동시에 좌파 전체에게 해당되는 질문이지요. 좌파는 운동 없이 다시 정의될 수 없습니다. 내 생각으로는 이것이 패러다임의 전환입니다. 오늘 정치의 의미는 일차적으로 운동에 초점을 맞추는 정치적 노력 없이 다시 정의될 수 없습니다. 그런데 이런 운동과 현실적으로 상호 작용하는 것은 무엇일까요? 그것은 조직화된 정치세력 이전에 정치문화입니다.

— 이것이 공산주의재건당이 당면한 가장 중요하고 가장 흥미로운 도전일 것입니다. 우리는 공산주의의 후예입니다. 우리의 도구가 더 이상 유효하지 않더라도, 우리의 목적은 아직도 타당하지요.

— 이전보다 더 타당하지요! 공산주의의 역사에는 무시할 수 없는 요소가 존재하는데, 이것은 인민의 생활과 사회에서 노동이 수행하는 아주 중요한 역할입니다. 이 때문에 나는 마르크스의 셰마가 충분치는 않지만 필요하다고 말합니다. 이 때문에 나는 '마르크스의 지양'이라는 공식을 좋아하는데, 이 공식은 마르크스를 포함하는 것이지요. 이런 지양은 최근 페미니즘, 생태주의, [그 밖의] '비판적 문화' 모두가 우리에게 요구해 왔던 것입니다. 페미니즘, 생태주의, '비판적 문화'는 우리가 그것을 토대로 해서 새로운 정치문화의 건설을 시작할 수 있는 기본적인 요소입니다. 그리고 이 때문에 또한 나는 자유와 평등의 관계가 오늘 아주 중요하다고 믿습니다.

— 자유가 항상 평등을 지배해오지 않았나요?

— 현실사회주의에서는 결코 그렇지 않았지요. 평등이 지배하면서 자유가 억압되었지요. 이런 억압은 심지어 우리 역사의 최선의 순간에도 발생했습니다. [평의회 같은] 직접민주주의의 형태에서조차 우리는 평등이 지배하는 것을 허용했고 차이 대신 동일성을 옹호했지요. 그렇게 하면서 우리는 개별성과 개인을 희생시켰습니다.

— 그런데 이런 상이한 요소 모두를 어떻게 통일시킬 것입니까?

— 운동을 봅시다. 그것이 잘 했던 것은 어떻게 그렇게 할 수 있었던가요? 중앙위원회를 통해서인가요, 아니면 다함께 작업하고 결정하는 것에 의해서인가요?

— 이런 측면에서 본다면, 현재의 정당은 철저하게 재검토되고 변혁될 필요가 있습니다.

— 물론이지요. 그러나 항상 교류 과정을 통해서 말입니다. 우리 자신의 사례를 보기로 하지요. 공산주의재건당이 존재하고 또 전쟁 반대, 신자유주의 정책 반대, [직접민주주의를 토대로 하는 대표제라는 의미에서] 참여민주주의 찬성이라는 세 가지 본질적인 논점을 우리와 공유하는 다른 세력들이 존재합니다. 그러나 그들은 공산주의재건당에 대해 일정한 반감을 갖고 있는데, 우리가 정당이기 때문이거나, 아니면 공산주의를 재건하기 때문이거나, 아니면 단지 공산주의자이기 때문입니다. 내 입장에서는, 이런 재건 과정을 지속하면서도 우리에게 관심을 갖는 세력들에게 정치적 논쟁을 위한 새로운 틀[대안좌파]의 건설을 제안할 수 있습니다. 이런 새로운 건설 과정에서 어떤 이는 공산주의의 재건에 진력할 것이고, 다른 이는 상이한 문제에 몰두하겠지요. 그러나 모든 이는 모두가 안에 있고 모두가 평등하다는 운동의 원칙을 준수할 것입니다.

— 이런 것은 민주당을 창당하려는 [좌파민주당 내부의] 최근의 동향을 얼마나 반영하는 것입니까? 민주당이 창당된다면 [공동정부를 포함한] 다른 모든 것이 질식될 위험이 있기 때문에 말이지요.

— 여기서 중요한 것은 두 가지입니다. 나는 첫째로 정부로의 이행을 달성하는 것이 중요하다는 것을 부정하지 않습니다….

— 그러나 사막을 건너려면 물이 필요하지요!

— 나는 현재의 정치로는 사막을 건널 수 없다고 믿습니다. 현재

의 방식으로 우리는 양자택일의 태도, 수용하든가 아니면 분리하든가라는 태도의 유혹을 받고 있기 때문입니다. 이것을 극복하려면 자율적인 정강정책[정치노선]의 재건에 착수할 필요가 있습니다.

— 민주당[민주당을 추진하는 세력]의 비중은 어떤가요?

— [관념과 현실을] 구별할 필요가 있습니다. 나는 민주당이라는 관념에 반대하는데, 그것이 현재의 세계를 구성하는 주요한 요소의 하나인 노동을 정치로부터 제거하고자 시도하기 때문입니다. 또 내가 그것에 반대하는 것은 정당이 사회 속에 굳건하게 뿌리내리는 대신 [정치계급 사이의] 연합을 강조하기 때문입니다. 따라서 나는 그것이 사태가 현실적으로 전개되고 있는 방향인지 확신하지 못하겠습니다. 나로서는 그렇다고 믿는 것이 아주 어렵습니다.

— 그러나 그렇다면 심각한 일이겠지요?

— 물론입니다. 그러나 그런 당이 형태와 실체를 획득할 경우, 그것에 대한 귀족적인[초연한 냉소적인] 태도는 재앙일 것입니다. 계급투쟁이 아주 중요한 요소이면서도 정치의 수준으로 상승하지 않는 사회에서는 어쩌면 '컨테이너' 정당이라는 관념이 시민사회에서 일정한 근거를 획득하기에 충분할 정도로 매력적일 수 있겠지요. 따라서 그런 관념을 과소평가하지 않는 것이 좋을 것입니다.

— 우리는 그것을 과소평가하는 것이 아니라 혐오할 따름이지요.

— 조금 속물적인 태도가 아닐까요? 나는 차이를 강조하는 대신 경쟁을 선택할 필요가 있다고 믿습니다. 우리는 다른 어떤 것, 다른 종류의 결집을 대표합니다. 나는 우리가 이런 방식으로 시민사회와 정치사회의 상당 부분을 견인할 수 있다고 생각합니다. 또 관련되는 위험이라는 관점에서 본다면, 나는 민주당과 [공산주의재건당의 소수파인 마이탄 그룹이 구상하는] 정통좌파정당 사이의 경쟁에서 전자가 손쉽게 승리할 것이라고 아주 분명하게 말할 수 있습니다.

정치의 위기와 반정치의 위험*)

파우스토 베르티노티

— 베르티노티, 이탈리아 정치에서 무슨 일이 벌어지고 있지요? 당신은 [예를 들어 2007년 예산 편성을 둘러싸고] 최근 이탈리아를 격동시킨 투쟁에 대해서 어떻게 판단하고 있습니까? 위기에 대해 제시된 해답에 대해서는 어떻게 생각하십니까? [공동정부의] 태도에 대해서는 어떻게 생각하십니까…?

내가 질문을 끝내기도 전에 베르티노티는 『해방』과 인터뷰를 하게 되어 매우 기쁘다고 말하면서 내 말을 끊는다. 그는 정치, 좌파의 미래, 운동, 최근 몇 년간의 대투쟁을 위해 필요한 관념에 대해 대화하고 싶지, 의회내의 세력균형, 공동정부와 관련된 선택에 관한 시시비비에 대해 토론하고 싶지는 않다고 말한다. 이런 미묘한 정치적 순간에 하원의장[베르티노티]이 그의 정당의 기관지에서 인터뷰를 함으로써 의회내 논쟁에 개입하는 것은 공정치 못할 것이다. 좋다. 나도 그렇게까지 고집할 생각은 없으므로 질문을 변경한다.

---

*) Fausto Bertinotti, "Interview of Piero Sansonetti", *Liberazione*, 26 Feb. 2007, http://home.rifondazione.it/xisttest/interview-of-piero-sansonetti-with-fausto-bertinotti.

— 베르티노티, 현단계에서 급진좌파는 유토피아에서 현실정치로 이행할 것을 강요받고 있습니다. 이 때문에 그 자신의 성격, 그 피부색이 어떤 식으로든 변화할 위험은 없습니까?

— 우리의 역사에서 우리는 항상 유토피아에 대해서 비판적으로 대응해 왔습니다. 우리는 그것을 거부하거나 찬양하지 않았습니다. 유토피아는 노동자운동의 일정한 시기에 아주 중요한 범주였습니다. 그것은 초기 단계에서 아주 강력했지만, 그 후 과학적 사회주의에 의해, 마르크스에 의해 얼마간 비판받았습니다. 그것은 '결정론적' 사고가 지배하던 그 다음 단계에서는 제거되기도 했는데, 자본주의에서 사회주의로의 이행이 자동적 현상, 봉건제에서 자본주의로의 이행이 그랬던 것처럼 역사적인 동시에 불가피한 자연적 사건으로 간주되었기 때문이지요. 사회주의적 이행은 생산력의 자연적 전개에 각인되어 있다는 것이었지요. 유토피아는 언제 재발견될까요? 인간이 '역사의 강력한 반론'을 인식하게 될 때마다 재발견됩니다. 특히 지난 세기말에 역사가 20세기의 환상, 현실적 오류 및 잔혹에 대해서 반론을 제기할 때, 유토피아는 기회가 됩니다. 재건하고, 논쟁을 재개하고, 전망을 개방할 기회 말입니다….

— 1989년에 [델라 볼페보다는 오히려 알튀세르와 친화성을 갖는 이탈리아공산당 이론가] 루포리니(Cesare Luporini)가 여전히 유지해야 할 지평으로서 사회주의에 대해 말한 바 있지요….

— 맞습니다. [현실사회주의가 붕괴하던] 그 단계에서 유토피아는 아주 중요한 역할을 했지요. 그러나 나는 노동자운동이 항상 유토피아와 이런 관계를 맺어 왔다고 생각합니다. 즉 유토피아를 항상 지평을 탐색하는 기회로, 정치와 이론의 수단으로 간주했지만, 그러나 목적으로, 정치의 유일한 내용으로 간주하지는 않았다는 것이지요. 그 후 세계화와 세계화 비판이 출현하면서 내 생각으로 유토피아는 또다시 자신의 성격을 변경합니다. 유토피아는 자기부활하고, 구체화됩니다.

— 어떻게 구체화되지요?

— 유토피아는 자본주의 비판으로 전환됩니다. 대안세계화운동의 가장 유명한 구호가 무엇이지요?

— 또 다른 세계는 가능하다….

— 맞습니다. 이 구호를 분석해봅시다. '또 다른'은 사회의 변화·대안·전복을 표상합니다. 과거에 우리가 사용하던 언어로는 '자본주의로부터의 이행'이라고 말할 수 있겠지요. '세계'는 정치의 전세계적 성격을 진술합니다. 그리고 '가능하다'는 구체성을 정의합니다. 우리는 꿈에서 깨어나 현실 속에, 현실주의 속에 있다는 말입니다.

— 좌파의 이런 구체적 유토피아와 정부의 경험, 말하자면 현실정치 사이에 조화시키기 어려운 대조는 없습니까?

베르티노티는 이 질문에 대해 잠시 생각한다. 그는 자신의 생각을 정리하면서 정확한 단어를 찾는다.

— 당신도 내가 정부의 경험을 과소평가하지 않는다는 것을 아실 것입니다. 현재 이탈리아와 유럽의 다른 나라에서 진행되는 [중도좌파]정부 말입니다. 그러나 나는 정치가 그것에 '매달릴' 수는 없다고 생각합니다. 말하자면, 우리가 지금 대화를 나누고 있는 '구체적 유토피아'가 정부의 구성에 매달릴 수는 없다는 것이지요. 정부에 참여하는 것은 좌파에게 아주 중요한 경험입니다. 그러나 그것이 나침반이 된다면, 그것이 본질적인 것이 된다면, 그것이 현실을 보는 굴절 프리즘이 된다면, 우리가 그것을 한정하여 [그것에 대한] 우리의 분석을 고정한다면, 이제 우리는 더 이상 아무 것도 이해하지 못한 채 방향 감각을 상실할 것입니다.

— 반론이 있습니다. 내 생각으로 20세기에서 유래한 광범위한 여론은 두 가지 강력한 대조적인 믿음으로 구성됩니다. 첫째는 정부가 아주 혐오스럽다는 것이고, 둘째는 정부가 정치에서 유일하게 중요하며 정치는 정부 그 자체를 구성하기 위한 경쟁일 따름이라는 것이지요. 이것이 사실 아닙니까? 그리고 이것이 사실이라면, 정부 참여의 중요성을 과소평가하는 것은 오류 아니겠습니까?

— 나는 당신 말이 옳다고 생각합니다. 그러나 그것은 단지 사태에 대한 관찰일 따름이지요. 이제 우리는 그런 사태의 원인에 대해 인식해야 합니다. 정부가 여론보다 훨씬 더 중요한 것은 정치의 취약성의 결과입니다. 오늘 유럽은 정치의 위기를 경험하고 있습니다. 그리고 이런 위기 속에 좌파적 정치의 위기가 있습니다. 그리고 좌파의 이런 위기는 훨씬 더 큰 위기, 즉 민주주의의 위기의 일부일 따름입니다. 정당 및 노조 같은 대중정치의 거대한 주체, 말하자면 거대한 사회·정치적 연합, 이념 및 공동체의 연합의 약화는 거의 사막화된 공적 영역에 여론과 정부라는 두 행위자만을 남겨 놓았지요. 그들은 서로 바라보면서 자신의 영역에 머물러 있습니다. 어떤 매개, 어떤 경첩, 요구와 갈등을 정치로 전환함으로써 정치를 생산할 수 있는 어떤 집단적 조직도 없이 말입니다. 현단계에서 정부는 더 이상 '일자리 생산자'로서 중요하지 않지만, 그러나 그것은 정치의 다른 주체가 존재하지 않는 덕분에 자신의 이미지와 비중을 확대합니다. 인민 앞에 홀로 남은 정부가 정치의 주체를 대체한다는 것이지요. 우리가 이런 사태를 용납한다면, 반(反)정치의 승리를 용인하는 셈이지요.

— 왜 정부의 중심성이 반정치를 의미하지요?

— 정치가 부재할 때, 반정치가 여론과 정부를 관계짓는 메커니즘이 됩니다. 거의 산술적인 증명을 제시해볼까요? 최근 몇 년간 유럽의 선거 경쟁에서 모든 여당이 패배했습니다. 블레어만이 예외였는데, 그러나 이 경우에도 득표율은 크게 하락했지요. 선거 전의

[스페인 총리] 아스나르를 기억하세요? 그는 무적인 것처럼, 거의 신처럼 보였지요. 그는 승리한 현대적 통치자의 상징이 되었습니다. 그러나 그는 선거에서 패배했어요. 슈뢰더를 기억하세요? 그는 아주 강력했고, 거대한 권력을 갖고 통치했지요. [사민당 당수였던] 라퐁텐이 자신의 행동을 교란시킬 수 있다는 생각이 들자 그를 정부에서 축출했지요. 그 후 그는 선거에서 패배했어요. 조스팽, 베를루스코니, 기타 등등, 모두 마찬가지입니다. 왜일까요? 정치조직이 부재할 때 [정부에의] 위임과 반정치가 성장하는데, 그것들은 동일한 불안정한 균형의 양면이지요. 그런 균형은 이미 정해진 세 국면, 즉 위임·사임·붕괴라는 국면으로 구성됩니다. 그것은 실제로 매우 위험한 균형인데, 민주주의를 제거하고 배제하기 때문이지요. 이제 정치에 침투하여 확산되는 반정치가 정치를 정복하기 시작합니다.

— 예를 들어 베를루스코니주의에서도 같은 일이 일어난 것인가요?

— 그래요, 베를루스코니주의는 분명한 사례입니다. 그러나 내가 보기에 반정치가 중도좌파에게도 마찬가지로 침투하고 있습니다. '외교적'인 이유로 이탈리아[좌파민주당]에 대해서는 언급하지 말기로 하지요. 프랑스를 보면, [2007년 대선에서 사회당 후보인] 루아얄의 선거운동에는 수많은 반정치가 있습니다. 아첨하는 인민주의 말이지요. 루아얄은 반정치의 요구와 비판을 수용하여 자신의 것으로 만들었지요. 이해가 되십니까? 반정치는 그것이 정치에 대한 몇 가지 비판적 요소를 획득했다는 이유로 인해 더욱 발전하는데, 완전히 정당한 이런 새로운 요소는 정치 그 자체의 위기의 결과입니다. 이런 조건이 민주주의의 전진적 위기를 생산하는 것이지요.**)

— 반정치가 이렇게 확산되는 이유는 무엇입니까?

**) '반정치의 정치'로서 (정치가적) 인민주의에 대한 더 자세한 설명은 정인경·박정미 외, 『인민주의 비판』, 공감, 2005를 참조하시오.

— 나는 정의롭지 못한 이 사회가 갈등을 생산한다고 생각합니다. 이것은 확증된, 부정할 수 없는 사실 같이 보입니다. 더 정확하게 말하자면, 이 사회는 다수의 갈등을 생산하지요. 모든 종류의 갈등, 노동·숙련·코퍼레이션·젠더·지방공동체·동일성 등등에서의 갈등 말입니다. 이런 갈등은 어떤 정부인가에 따라 승리하거나 패배하는 것이 아닙니다. 갈등과 정부 사이에는 자율성이 존재합니다. 어떤 운동의 승리와 패배는 이것이 그 속에서 작동하는 정부의 조건에 의해 결정되는 것이 아닙니다. 그러나 이런 운동은 어떤 정복[봉기]도 안정화[구성]할 수 없습니다. 즉 문제는 승리할 때조차 운동은 '정복하는' 것이 아니라 단지 '예방할' 따름이라는 것이지요. 따라서 운동은 자신의 승리를 통해 민주주의를 건설할 수 없습니다. 운동은 민주주의의 위기 속에서 작동하고, 투쟁을 통해 민주주의의 위기를 보상하지만, 그러나 운동은 그것에 대항하는 조직을 생산하지 않습니다. 즉 운동은 이전의 순환과 동일한 정치적 결과를 생산할 수 없지요. 지난 세기의 운동은 '토치카'를 정복했고 여론의 안정적인 전환을 생산했습니다. 오늘 운동은 아주 강력할 수 있고, 강력한 적을 패퇴시킬 수 있지만, 그러나 대중적 상식과 동의를 건설하지는 못합니다. 이제 이해하시겠지요? 민주주의의 결여가 중요하고, 이런 요구와 이런 압력, 게다가 이런 '예방적' 정복을 결집시킬 수 있는 주체의 부재가 중요한 것은 바로 이 지점입니다.

— 전적인 부재는 아니라고 말하고 싶군요. 급진적 좌파가 있고, 공산주의재건당이 존재하니까요….

— 그들은 매우 중요한 역할을 수행합니다. 그들은 수많은 성공을 달성했습니다. 그러나 여기서 우리는 '임계질량'(critical mass, 핵분열의 연쇄반응을 지속하기 위해 필요한 최소 질량), 즉 경향을 창조할 수 있는 가능성에 대해서 말해야 합니다. 급진적 좌파는 이런 차원에서 자기를 시험할 수 있는, 즉 임계질량에 도달할 수 있는 주체를 여전히 결여하고 있습니다. 이 때문에 내가 설명하려는

또 다른 종류의 결과가 발생합니다. 즉 유럽에서 전통적 갈등은 두 가지로 분열되고 또 그 성격이 변화합니다. 오늘 우리는 두 가지 갈등을 관찰합니다. 하나는 좌파와 우파의 차이에 관한 것인데, 이런 차이는 좌파가 야당일 때 아주 분명하고 아주 인화성이 높습니다. 또 하나는 사회의 '상층'과 '하층', 말하자면 통치계급[엘리트]과 기층[인민대중]의 대조에 관한 것인데, 이런 갈등은 좌파가 여당일 때 훨씬 더 강력합니다. 이 두 가지 갈등은 서로 교차합니다. 상층과 하층의 갈등은 [인민주의적] 반정치의 매체가 됩니다.

— 왜 좌파가 여당일 때 상층과 하층의 갈등이 지배하지요?

— 종종 좌파 정부가 운동의 힘과 압력을 이용할 수 없기 때문이지요. 이것이 좌파와 우파의 갈등을 완화시키고, 정부로부터 배제시킵니다. 따라서 다른 종류의 갈등을 위한 공간이 존재하게 되는 것이지요.

— 이런 공백에서 탈출하는 방도는 무엇입니까?

— 조직화된 정치적 주체를 재건하는 것말고 다른 기회는 없습니다. 그러나 이런 일이 일어나려면, 정치문화[시빌리테], 특히 좌파적 정치문화를 건설할 필요가 있지요.

— 말을 끊어서 죄송합니다만, 정치적 주체를 재건하고 좌파적 정치문화를 건설하려면, 좌파 정치의 상이한 부문과 영역이 또다시 사고하고 교통하기 시작하면서 토론을 통해 공동의 사고를 생산하기 시작해야 하겠지요…. 내 생각으로는, 당신이 제기하는 문제를 해결할 수 있는 단일한 좌파 세력은 존재하지 않는 것 같습니다.

— 동의합니다. 내 생각으로는 이런 위기에서 탈출할 수 있는 유일한 방도는 좌파 세력을 통일하여 정치문화 및 무엇을 할 것인가라는 문제를 우선적으로 제기하는 것입니다. 이제까지 주로 해왔던 것과 단절할 필요가 있습니다. 정당의 정치공학, 그 다음에는 조직

공학, 기타 등등 말입니다. 최근 몇 년 동안에도 항상 마찬가지였습니다. 정치는 자신의 의도와 조정에 대해서만 사고할 수 있었지요. 선거법을 어떻게 개정할 것인가, 지역당을 어떻게 조직할 것인가, 권력 배분은 어떻게 할 것인가, 기타 등등 말입니다. 인민과의 관계, 운동과의 관계, [정치]문화의 문제, 즉 사회의 미래에 대한 사회·정치적 구상을 검토하는 데 필요한 문화의 문제는 배제된 채 말입니다. 나는 좌파의 상이한 영역[예를 들어 좌파민주당의 다수파인 벨트로니 그룹이나 공산주의재건당의 소수파인 마이탄 그룹]이 새로운 정당 건설을 계획하면서 시간을 낭비하는 대신 이것에 초점을 맞추어 이 문제에 대한 관념을 생산하기를 바랍니다.

— 내가 이해한 것이 맞다면, 당신은 새로운 정당의 이합집산을 둘러싼 고민을 중지하고 정치와 사회의 새로운 관계에 초점을 맞추자는 것이군요. 즉 새로운 정당을 건설하는 대신 새로운 정치를 건설하자는 말이군요….

— 그렇지요, 맞습니다. 어떻게 조직할 것인가에 대한 시비를 유예하고 무엇을 할 것인가에 대해 토론하자는 말입니다. 정치문화라는 주제와 정치와 사회의 관계라는 주제에 대해 토론해보자는 것이지요. 심지어 전통적 정당[예를 들어 1998년에 올리브연합에 대한 이견으로 공산주의재건당에서 분리된 코수타 그룹의 이탈리아공산주의자당]과도 토론해보자는 것인데, 우리가 그들과 어떤 차이를 갖는가라는 문제를 제기하지 않고서 오히려 우리가 어떻게 통일을 달성할 수 있고 또 우리가 어떤 관념과 해답을 제공할 수 있을까에 대해서 토론해보자는 것이지요.

— 이런 추론 속에는 좌파의 새로운 통일이 존재합니까?

— 예, 나는 그렇게 생각합니다. 정치의 위기에 대응하려면, 어떻게 '임계질량'에 도달할 것인가라는 문제를 해결할 필요가 있습니다. 이렇게 하지 않는다면, 이 문제의 해결을 무한정 연기한다면,

늘 씨를 뿌리고 잘 돌볼 수는 있겠지만, 그러나 아무런 열매도 거두지 못할 것입니다. 이런 임계질량은 횡단적이어야 합니다. 이 때문에 우리는 정치를 하기 위해 [좌파 전체를] 횡단해야 합니다.

— 실례지만, 잘 이해하지 못하겠군요. 예를 들어주시겠습니까?

— 이탈리아의 대외정책을 생각해봅시다. 그것은 공동강령이 작성되기 이전부터 정부에 의해 실행되었지요. 그것은 분별력 있는 정책이고, 유럽연합에 기여하는 정책입니다. 아주 좋습니다. 그러나 나는 자문합니다. 왜 좌파는 정부의 대외정책에 참여할 수 있을 따름인가? 왜 좌파는 좌파로서 대외정책에 대한 공동의 관념, 세계에 대한 관념과 유럽에 대한 관념, 등등을 갖고 있지 않은가? 동일한 종류의 추론은 사회적 갈등에 대해서도 타당합니다. 생태, 젠더 갈등, 노동권, 등등 말입니다….

— 당신은 이런 구도 속에서 급진적 좌파와 개량주의적 좌파의 관계는 어떻게 설정하십니까? 이것이 아직 타당한 범주들입니까?

— 이 범주들은 정치계보의 수준에서 여전히 현실적입니다. 이 두 가지 정의를 유지한다면, 전통적인 언어로 말할 때 이 두 좌파는 서로 대결해야 합니다. 그러나 정치계보가 아니라 정치문화의 수준을 고려한다면, 사태는 약간 변화합니다. 이 수준에서 급진적 좌파는 두 가지 면모를 갖습니다. 이미 나는 금세기의 운동과의 관련 속에서 자신을 재건한 급진적 좌파의 면모가 지배적인 경향이라고 생각합니다. 정통좌파의 정치문화, 여전히 사민주의와의 대결 속에서 자신을 형성하는 문화는 덜 중요합니다. 지배적인 급진적 좌파는 페미니즘, 생태주의, [평화주의] 등등과 교류하는 좌파입니다. 다른 영역에서는 어떤 일이 일어날까요? 개량주의자는 양적으로 거대한 세력이지만, 그러나 정치문화는 상실하고 있습니다. 주로 유럽의 사민당은 [이탈리아 마르크스주의 경제학자] 벨로피오레(Riccardo Bellofiore)가 사회자유주의라고 부른 문화에 준거합니다.

그것은 무슨 뜻일까요? 사민당은 경쟁의 패러다임에 대해서는 문제를 제기하지 않은 채 사회적 불안을 축소하고 권리를 증진시키는 조치를 채택해야 한다고 생각한다는 말입니다. 프랑스의 파비우스처럼 여전히 강력한 좌파적 지향을 갖는 사민주의 분파가 존재하는 경우조차 경향은 사회자유주의적입니다. 좌파의 정치적 실험실을 성과 있게 건설하려면, 이런 사회자유주의적 경향을 얼마간 재조합할 필요가 있습니다. 정치적 이유 때문이 아니라, 심화된 사회적 위기, 그러나 또한 정치적 위기가 우리에게 유럽이 필요로 하는 경제적·사회적·민주주의적 모델의 관념을 제시해야 한다고 말해주기 때문입니다. 적응이 아니라 건설입니다. 그러나 나는 예방적인 이데올로기적 장벽을 갖는 주장에 대해서 생각하고 있는 것이 아닙니다. 내 주장의 주제는 토론에 참여하는 사람의 '동일성'이 아니라 차별적 요소가 될 것입니다. 행정의 주체가 아니라 정치의 주체, 사회의 모델과 구상의 주체를 검토하기로 결정한다면, 사회자유주의적 관념에서처럼 정치를 단지 행정적 사실로 간주하는 사람은 배제되겠지요. 내가 보기에 오늘 개량주의적 좌파가 조직의 수준에서 지배적이라면, 급진적 좌파는 정치문화의 수준에서 지배적입니다.

— 왜 급진적 좌파가 이런 강점과 약점을 갖는 것일까요?

— 임계질량의 문제를 시험할 제안을 제시할 수 없기 때문입니다. 이 때문에 유권자는 종종 '당신이 옳지만, 그러나 나는 그를 선택한다'고 말합니다. 정치의 유효성이라는 문제가 제기된다는 것이지요. 이것은 운동에게도 또 일정한 욕구를 갖고 있는 누구에게도 본질적인 문제입니다. '당신이 옳지만, 그러나 나의 문제를 해결해줄 수는 없다고 말하지 않을 수 없군요. 당신이 어떻게 하면 되는지에 대해 훌륭한 생각을 갖고 있다고 해도 말이에요. 그래서 나는 나의 욕구를 엉터리로라도 해결해줄 수 있는 다른 이를 선택합니다. 그러나 나는 늘 그가 그것을 제대로 해결해주고자 한다면 그렇게 할 수 있다고 생각하지요….' 급진적 좌파가 유효성의 문제, 따

라서 통일성의 문제를 해결할 수 없다면, 개량주의적 좌파가 항상 우위를 차지할 것입니다. 그들은 동의라는 이점을 갖고 출발하기 때문에, 통일성의 문제를 이미 해결한 것처럼 보이기 때문입니다.

— 베르티노티, 이 시기의 정치투쟁에 문제가 있다는 것은 분명합니다. 정치투쟁에서 세력관계를 변경시키는 강력한 권력의 거대하고 광범위한 개입 말입니다. 우리는 어떻게 해야 합니까?

— 우리는 강력한 권력을 분석해야 합니다. 권력의 강력함을 과학적으로 분석해야 합니다. 우리는 그런 권력이 '음모', 즉 폭로해야 할 비밀 계획이라고 생각해서는 안 됩니다. 그것은 진실이 아닙니다. 권력은 세력이고 또 문화에 의지합니다. 나는 전화를 걸어 명령을 내리는 권력의 대표자를 보지 못했습니다. 아닙니다. 그는 정치의 밭을 갈고 언젠가 열매를 거두는 것입니다. 따라서 우리는 그의 강력함이 어디에 존재하는가를 인식할 필요가 있습니다. 그는 권력을 소유하고 있을 따름이 아닙니다. 그는 권력을 소유하는 동시에 헤게모니적 과정을 경향적으로 건설하지요. 여론의 형성자로서 그는 동의하도록 설득합니다. 문제는 그의 강점을 발견하고 그와 공개적으로 대결하는 것입니다. 생각난 김에 덧붙이자면, 그를 '존중하면서', 그의 입장의 토대를 인정하면서 말입니다. 내가 생각하는 것은 동의를 결집할 수 있는 더 고귀하고 더 강력한 관점, 즉 자신을 보편적인 것으로 제시할 수 있는 기본적인 능력을 갖는 관점을 제안할 수 있기 때문에 그를 패퇴시킬 수 있다는 것입니다. 이렇게 해서만, [권력의 강력함을] 극복할 경우에만 승리할 수 있을 따름입니다. 울부짖으면서 대들고, [게다가] 기이한 규칙에 호소해서는 승리할 수 없습니다. 때로는 우리가 [19세기말 20세기초 밀라노 출신의 극작가 페라빌라(Edoardo Ferravilla)가 창조한 전형적인 속물] 테코파(Tecoppa)처럼 행동한다는 생각이 드는군요. 그는 자신이 찌를 때까지 상대방은 가만히 서서 기다릴 것으로 기대했지요….

이탈리아 좌파의 통일과 재건*)

파우스토 베르티노티와 도메니코 제르볼리노

파우스토 베르티노티는 대안좌파라는 새로운 [정치적] 주체의 건설을 제안하는 테제를 『대안사회주의』에 발표했다. 나는 오늘[5차 국제마르크스대회]의 토론을 위해 그 주요 논점을 요약할 것이다.

그러나 먼저 이탈리아 정치사의 몇 가지 요소에 대해 회고하고자 한다. 2차 세계전쟁 이후 거의 반세기 동안 이탈리아는 내각책임제 공화국이었는데, 그 정치제도에서 강력한 중도우파 정당인 기민당이 (군소정당과 동맹을 결성하여) 정부를 독점하면서 (미국·기업가·바티칸 같은) 강력한 권력과 인민대중 및 좌파에 대한 정치적 매개를 행사해 왔다. 기민당은 대중적 토대를 가졌고 동의를 유지할 수 있는 능력를 가졌다. 반면 마찬가지로 아주 강력한 이탈리아 공산당은 제3당인 사회당과 (1960년대까지) 동맹을 결성하여 노동자운동 및 야당을 독점하거나 또는 최소한 그것들에 대한 헤게모니

---

*) Fausto Bertinotti & Domenico Jervolino, "Unité et refondation de la gauche en Italie" (Congrès Marx International V, Atelier 3 de la Section Sciences politiques: Refondation de la gauche en Europe, l'expérience italienne, oct. 2007), http://netx.u-paris10.fr/actuelmarx/cm5/index5.htm. 공산주의재건당의 이론지 『대안사회주의』의 편집장인 제르볼리노는 리쾨르를 전공한 나폴리대학 철학 교수다.

를 행사했다. 그러나 1970년대말과 1980년대에 크락시가 지도하던 사회당은 기민당의 동맹자가 되어 중도좌파정부를 구성했다. 사회당과 기민당의 동맹은 사회·경제적 정책의 영역보다는 권력의 영역에서 훨씬 더 갈등적이었다. 크락시와 함께 사회당은 좌파적 [정치]문화에서 훨씬 더 멀어졌다.

이탈리아의 정치제도는 1968년 전후부터 1970년대 초반까지 거대한 노동자투쟁 및 사회투쟁에 의해 이미 위기에 빠졌지만, 그러나 생존에 성공했다. '불완전한 양당제' 또는 '봉쇄된 민주주의'라고 불렸던 이런 제도는 그 내부에서 진정한 대안의 가능성을 준비하지 못했는데, 이는 제도 외부에서 영향력을 극대화할 수 있었던 이탈리아공산당을 배제했기 때문이다. 대안 대신 정부의 빈번한 위기가 발생했고 연합의 구성과 균형에서 변이가 발생했다. 정치제도는 행위자들의 암묵적 동의로의 경향을 가졌는데, 이런 동의는 사회적 매개를 수행하는 일정한 능력이라는 이점을 제시했다. 이런 제도는 세계를 분할하던 양대 진영의 균형이 소멸하면서 결국 붕괴했다.

1990년대 초 위기는 부패에 대한 인민의 분노의 폭발('마니 풀리테')이라는 형태를 취한다. 기민당과 사회당 같은 역사적 정당은 해체되고, 이탈리아공산당은 수권세력이 되기 위해서 [좌파민주당으로] 명칭을 변경한다. 북부에서는 사회적 이기주의와 외국인혐오증으로 특징지어지는 [보시의] 자율주의적, 심지어 분리주의적 경향이 발전한다. 이런 맥락에서 베를루스코니 현상이 출현하는데, 그는 미디어를 토대로 하는 자신의 개인적 지도력을 중심으로 중도우파동맹을 창조하여 (기민당 우파와 [피니가 대표하는] 구파시스트, 심지어 회개한 사회당 및 좌파 같은) 기존의 정치계급 일부를 결집시킨다.**)

중도우파연합과 중도좌파연합 사이의 일정한 정권 교체가 출현한다. 여러 번 개정된 선거법으로 인해 아주 이질적인 선거연합이

**) 더 자세한 설명은 정인경·박정미 외, 『인민주의 비판』, 공감, 2005를 참조하시오.

출현하는 것이다. 그러나 새로운 정치제도가 출현한다고 말할 수는 없다. 오늘 우리는 [중도좌파연합이 불안한 다수표를 획득한] 2006년 총선의 불확실한 결과 때문에 [중도좌파정부가 붕괴할 수 있는] 새로운 심각한 위기의 시기를 통과하고 있는데, 이런 불확실한 결과는 정당과 선거연합에 대한 사회의 실망과 부당한 특권을 갖는 '카스트'가 독점하는 것 같이 보이는 공식적 형태의 정치에 대한 분노의 폭발로 인한 것이다. 중도좌파정부는 자신의 약속을 지키지 않고 있으며, 현재의 위기적 상황에서 이것은 약속을 지키기 위해 투쟁하면서도 베를루스코니의 재집권의 전망으로 인해 [좌파민주당과] 타협하기도 하는 공산주의재건당에게 압력을 가하고 있다.

구공산당의 공식적 계승자는 [좌파민주당이나 좌파민주주의자 같은] 빈번한 개명으로 특징지어지는 장기적인 동일성의 위기를 경험한다. 오늘 이런 역사는 민주당의 창당으로 귀결되는데, 구공산당의 계승자는 미국 민주당의 모델에 따라 구기민당의 계승자 일부와 통합된다.

그러나 민주당의 이런 중도화에 좌파적으로 대항하는 공산주의재건당, 좌파민주당 좌파, 이탈리아공산주의자당, 녹색연맹, 풍요로운 사회운동, 사회단체, 노조활동가 같은 견고한 세력의 집합도 존재한다. 베르티노티의 테제는 이런 사회·정치적 세력에 대한 [대안좌파로서 무지개좌파의 건설을 위한] 호소다.

1

오늘 유럽의 좌파는 아마도 그 역사상 가장 곤란한 도전, 즉 자신의 정치적 존재라는 도전에 직면해 있다. 과거에도 이미 여러 번 경험했던 것 같은 패배의 위험만이 문제인 것은 아닌데, 진정한 쇠퇴가 지평에 출현하기 때문이다. 이번에 대응의 긴급성은 진정으로 절대적이다. 마치 길을 찾으면서 서둘러 떠나야 하는데 결국에는 길을 찾지 못할 위험이 있는 경우와 같다. 이렇게 끝난다면, 결과는 극적일 것이다. 20세기 노동자운동의 유산이 결국 완전히 소멸할 것이기 때문이다.

2

현재의 국면[정세]의 진정한 새로움은 바로 몰민주주의적 지배의 구상이 형성된다는 것인데, 그런 지배는 우파와 좌파의 분화 같은 정치의 현대적 변증법의 토대 자체를 해체하고, 또 기업을 '일반이익'의 중심으로 설정하면서 안정성을 위한 진정한 특권적 수단으로서 대중의 사회적·정치적·문화적 수동화를 작동시킨다.***)

3

문명의 위기는 그런 구상의 가장 강력한 동맹자가 된다. 사회와 일상생활 속에서 질서의 해체와 폭력의 확산, 대중의 공포와 불안전이라는 '구체적 현실'은 맥락에 따라 강력한 이데올로기적 무기가 된다. 즉 계급적이고 사회적인 갈등이 정치(및 제도)로부터 배제되는 압력이 행사되는 것이다.

4

좌파가 소멸할 위험이 존재한다. 한편으로는 득표력은 있지만 고유한 계급적 토대가 없는 좌파[중도좌파], 다른 한편으로는 계급적 토대를 추구하지만 득표력이 없는 무수한 분열된 좌파[급진좌파] 말이다.

***) 현대 정치의 이데올로기적 형태로서 '인권의 정치'에 대한 더 자세한 설명은 윤소영, 『역사적 마르크스주의: 이념과 운동』, 공감, 2004 또는 에티엔 발리바르, 「'인간의 권리'와 '시민의 권리': 평등과 자유의 현대적 변증법」(1989), 윤소영 옮김, 『'인권의 정치'와 성적 차이』, 공감, 2003을 참조하시오.

5

그런 것이 쟁점으로 제기된다면, 이탈리아와 유럽에서 우선적인 당위는 [좌파의 소멸이라는] 획일화에 대항하는 [대안좌파 건설을 위한] 투쟁일 수밖에 없다. 이런 투쟁은 정당을 포기하지 않으려고, 변혁의 정치를 위한 공간을 보존하려고, 대안적 구상의 생명력을 유지하려고 시도할 '절대적' 필연성이다.

6

그렇지만 오늘 이탈리아에서는 새로운 가능성과 필연성이 출현하고 있다. 즉 대안좌파의 모든 세력이 통일을 달성하여 자신의 행동의 유효성을 보장함으로써 운동·사회[단체]·의견집단 속에 확산되어 있는 다양한 (심지어 무정형의) 요구를 결집시킬 수 있는 기회가 바로 그것이다.

7

좌파가 강력한 야당일 때, 노동자와 인민의 표가 몰린다. 그러나 좌파가 집권하면, 실망한 유권자는 정치제도 전체와 갈등을 빚게 되고 기권과 항의 사이에서 동요한다. [내가 「대안사회」에서 '시계추의 법칙'(loi du pendule)이라고 부른 바 있는] 이런 경향과 근본적으로 단절하는 데 성공하지 못한다면, 정치적 대표와 운동 사이의 균열이 형성되어 좌파의 존재 자체를 위험에 빠뜨리게 된다.

8

이런 상황은 대안좌파에게 어떤 방향 전환을 시사하는가? 우선 이런 도전에 대응할 수 있는 임계질량(masse critique, 핵분열의 연쇄반응을 지속하기 위해 필요한 최소 질량)의 구성이다. 대안좌파 전체의 통일적이고 다원적인 주체성 없이 필요한 임계질량을 구성하는 것은 불가능할 것이다. 그런데 우리는 분산되어 있다. 강물이 바다로 모일 시간이다.

9

유럽에서 정치의 미국화가 위협적인 위험이 되고 있다. [대안]좌파에게 준거하는 모든 새로운 이니셔티브가 [사멸할 위험에 빠진] 정치를 회생시킬 수 있다. 따라서 우리가 여기서 제안하는 구상은 대안좌파라는 통일적이며 다원적인 주체의 구성이다.

10

정부는 대안좌파의 미래에서 종속변수다. 이런 변수가 이탈리아의 미래에 필요할 때, 그리고/또는 이탈리아에서 사회개혁의 구상에 투자하는 것이 가능할 때 정부를 추구해야 한다. [반면] 변혁의 정치와 운동 사이의 관계는 [대안좌파의 미래에서] 독립변수다. [운동과의] 이런 관계의 탐구는 사회변혁을 위한 모든 정치의 근원이기 때문이다.

정치의 재발견, 민주주의의 재발명*)

도메니코 제르볼리노

[홉스봄이 말하는] '단기 20세기'에서 제3의 천년으로의 이행을 특징짓는 짧은 시기[1990년대]는 자본주의적 세계화 과정의 추진을 목격했다. 세계화 과정을 통치하는 부와 권력의 초민족적 과두제는 국제통폐기금 및 세계은행 같은 국제기구 전체와 부국 정부간 클럽(G7-8)에 의해 표현되는데, 경제·군사적 초강대국 미국은 여전히 도처에서 결정적인 역할을 수행한다. 세계적 권력의 이런 핵심은 러시아, 나아가 중국과 인도, 즉 오래된 핵강대국과 새로운 경제강대국을 효과적으로 견인하고 있다. 이런 권력체계의 내부에서 갈등과 경쟁의 요소가 출현하지만, 그러나 내 생각으로 주요한 경향은 세계의 과두제적 통치를 지향한다. 여전히 국제법적 질서의 이상과 얼마간 연결되는 다양한 형태의 국제기구의 평형력은 취약하다.

---

*) D. Jervolino, "Retrouver la politique, réinventer la démocratie" (Congrès Marx International V, Plenum 4: Pour une "mondiale" des luttes, oct. 2007), http://netx.u-paris10.fr/actuelmarx/cm5/index5.htm. 공산주의재건당과 발리바르의 이론적 친화성을 설명하는 또 다른 글로는 D. Jervolino, "Violence, non-violence et critique de la politique" (Congrès Marx International IV, Atelier 6 de la Section Etudes marxistes: Pouvoir, contre-pouvoirs, violence, oct. 2004), http://netx.u-paris10.fr/actuelmarx/index4.htm과 "La traduction comme modèle éthico-politique pour la nouvelle Europe" (Colloque de Florence, nov. 2005), http://www.espaces-marx.eu.org/spip.php?article128이 있다.

그렇지만 세계시장의 증대된 위력은 과거로부터 유증된 것에 추가되는 인민들간의 새로운 형태의 불평등과 빈곤의 창조를 점점 덜 은폐할 수 있다. 기술의 현대화와 미디어 네트워크의 창조가 낡은 이데올로기와 수많은 근본주의의 복귀를 저해하지는 않았다. 반면 전쟁의 유령과 잔혹한 현실이 세계의 무대에 또다시 출현한다. 그렇지만 세계전쟁의 위협이 문제인 것은 아닌데, 20세기 후반기에 핵의 공포와 파국을 토대로 하는 일정한 균형이 안정화되었기 때문이다. 오히려 문제는 9·11 이후 헤게모니적 경향으로 특징지어지는 무수한 국지전쟁, 즉 테러리즘에 대한 무한전쟁이다. 민주주의의 일정한 모델을 강제하는 오만한 이데올로기적 주장으로 특징지어지는 무한전쟁은 그 담론에서 언행불일치가 드러나고 또 결국에는 자신이 패퇴시킨다고 주장한 테러리즘을 격화시키면서 종족적·종교적 갈등을 더 첨예하게 만든다. 무한전쟁은 문명의 갈등이라는 용납할 수 없는 시나리오에 모호한 신빙성을 제공해왔다. 어쩌면 헤게모니주의(폭력에 의해 동의를 강제하려는 시도)와 헤게모니(신념을 토대로 하는 동의의 도출)의 구별을 제안할 필요가 있을 것이다. 이런 구별을 수용한다면, 부시의 정책은 실패한 재앙적인 헤게모니주의, 보수주의자에 의해서조차 점점 더 비판받는 헤게모니주의의 명백한 사례가 될 것이다.

수많은 야만의 징후가 발견되는 이런 난처한 광경에도 불구하고, 나는 제국적 권력의 전능성이라는 테제도 경제적·정치적·이데올로기적 권력체계의 무모순성이라는 테제도 믿지 않는다.

이 체계 내부에는 다양한 모순이 존재한다. 현실적인 모든 것이 합리적이고 현실은 일관되고 긴밀히 결합된 전체라는 것은 사실이 아니다. 다행히도 비판, 논쟁, 저항, 대안을 위한 공간이 여전히 존재하는 것이다. 처음에는 승리한 것처럼 보이는 것이 항상 나중에도 설득력 있는 것은 아니라는 사실을 잊어서는 안 된다. 진정으로 승리하기 위해서는 설득하고, 동의를 도출하고, (그람시적 의미에서) 헤게모니를 획득하여 새로운 역사적 블록을 건설할 줄 알아야

하기 때문이다. 불행히도 권력의 실패로 인해 종종 빈곤하고 억압받는 인민이 고통 속에서 그 대가를 비싸게 치르는데, 이는 권력의 승리에 대해 치르는 대가에 추가되는 것이다.

게다가 체계에 외부적인 다양한 모순, 즉 저항과 반대도 존재한다. 나는 이런 모순이 군사력의 수준에서만, 게다가 특히 그 수준에서 출현하는 것은 아니라는 사실이 우리가 반성할 필요가 있는 우리 시대의 특징의 하나라고 믿는다. 실제로 군사력의 수준에서 권력은 종종 무적이다. 권력이 승리하지 못한다고 하더라도, 권력이 보유하는 수단과 그 반대자가 보유하는 수단의 불비례성 때문에 결국 패퇴되는 것도 아니기 때문이다. 오히려 저항과 반대는 바로 헤게모니 수준에서 출현하고 동의에 도달하는데, 권력자도 또한 자신의 구상을 실현하기 위해서는 동의를 필요로 한다. [헤게모니 수준에서 출현하는] 이런 모순은 권력의 오만에 대항하여 또 다른 세계는 가능하다는 것을 입증한다.

내가 인용하는 구호는 사회포럼이 주도하는 [대안세계화]운동을 특징지어온 것인데, 이 운동을 [페미니즘을 비롯해서] 생태운동·평화운동으로 확대할 수 있다. 다양한 관점에서 포럼운동에 접근하는 이 운동들은 종종 거대한 동시에 다양한 통일적인 사회세력으로 합류한다. 나는 바로 운동들의 운동[대안세계화운동]이라고 불리는 이런 경향으로 합류하는 수많은 투쟁형태를 생각하고 있다. 게다가 나는 특히 (중요하기는 하지만) 이런 운동들의 운동의 조직화된 형태가 아니라 [그 시빌리테로서] 정신·문화·방법을 생각하고 있다.

이런 정신의 몇 가지 전형적인 요소에 대해 언급하고 싶다.

첫째, 본질적으로 다원적이고 다형적인 운동이 문제인데, 이 속에서 상이한 문화, 종종 아주 상이하면서도 해방과 변혁이라는 목표로 수렴하는 문화가 이종교배를 수행한다. 운동들의 운동은 노동자운동과 (이런 맥락에서 중요한 새로운 역할을 수행하는) 농민운동의 역사와 전통에 준거하는 부문 또는 최근 40년의 역사에 근거하는 부문으로서 페미니즘과 생태주의와 평화주의 사이의 유익한

혼합의 장소가 된다. 모든 부문은 단일한 급진성의 다양한 담지자다. 이런 문화의 용광로에서 내가 (특히) 강조하고 싶은 하나의 특징은 종교인, 특히 해방신학에 속하는 라틴 아메리카 (그리고 다른 지역) 기독교인의 능동적이고 전투적인 참여다. 이런 참여는 세계적 차원에서 상이한 종교적 근본주의의 점증하는 가공스런 비중에 대한 평형추가 된다. 근본주의는 위대한 종교를 오염시키고 부패시키는 질병처럼 보이는데, 그런 질병은 언뜻 보면 고풍스런 과거로의 복귀 같지만, 그러나 야만적인 현대화 과정의 독 있는 과일이고 세계화의 거대한 불의의 또 다른 숨겨진 무서운 얼굴인 것이다.

둘째, 과두제적 이익의 지배에 의해 조절되는 '세계화'에 반대하는 운동은 생활세계에의 확고한 착근을 추구한다. 나는 이런 생활이 살아 있는 육체와 구체적인 욕구를 가진 개인, 남성과 여성의 일상생활이라고 부연하고 싶다. 따라서 '운동들의 운동'과 이것을 구성하는 상이한 투쟁경험들은 이론과 이데올로기가 아니라 오히려 개인의 체험, 그 실천과 관계를 지향한다.

마지막으로, 이 운동은 권력에 대한 근본적 비판의 담지자처럼 보인다. 즉 이것은 권력의 소유가 아니라 오히려 변혁을 지향한다. 물론 여기서 우리는 연구와 토론이 필요한 거대한 공간, 게다가 자신이 이용할 수 있는 모든 힘을 이용하여 권력을 방어하는 그 소유자에 의해 여전히 항상 지배되고 있는 세계에 해방된 섬을 대립시키려는 위험을 본다. 그럼에도 불구하고 또 다른 세계라는 유토피아와 꿈을 넘어서 어떤 것이 생산되고 있음을 보지 않는 것은 일종의 맹목일 따름일 것이다. 어쩌면 이런 유토피아와 꿈조차도 오늘 새로운 현실성을 획득할 것이고, 현실적인 변화의 경험에 영감을 부여함으로써 더 이상 단지 경건한 소망이 아닐 수 있을 것이다. 오늘 권력에 대한 이런 비판은 다양한 상황에서 비폭력적인 투쟁방법을 선호하게 만든다. 도덕주의적인 또는 이데올로기적인 선택이 문제인 것은 아닌데, 어쩌면 비폭력이라는 표현 그 자체는 부정적 어조로 인해 자신의 관념을 제대로 표상하지 못할지도 모른다.

[이 때문에 때로는 개량주의, 심지어 합법주의로 오해되기도 한다.] 그렇지만 과거에 심지어 좌파와 노동자운동 속까지 침투한 문화와의 연속성의 해체가 분명히 존재하는데, 그런 문화는 정치적 행동에서 목적과 수단의 관계에 대한 일정한 무관심, (심지어 미래의 새로운 세계를 건설한다는 목적에서도 존재하는) 일정한 형태의 시니시즘, (마치 도덕적 담론은 부르주아 문화의 속성인 것처럼) 현재의 행동에서 윤리와 정치의 관계에 대한 거부 또는 과소평가에 의해 특징지어졌다. 운동들의 운동은 우리가 발리바르를 따라 [해방과 변혁의] 정치의 문명화·문화화[시빌리테] 또는 특히 혁명의 문명화·문화화라고 부를 수 있는 방향으로 (이론적으로보다는 오히려) 실천적으로 전진했던 것이다.**)

어쩌면 내가 방금 제시한 담론은 인류 전체와 지구 그 자체를 위험에 빠트리는 위협적인 시나리오로서 세계화 속에 우리가 야만에 반대하여 문명을 선호하고, 전쟁에 반대하여 평화를 선호하고, 공격성과 폭력에 반대하여 인간 및 인민 사이의[즉 초개인적이고 초민족적인] 새로운 사회계약을 선호하는 추동력을 각인한다는 일반적인 의미를 가질 것이다.

나는 운동이 혼자서 오늘의 세계의 그 많은 잔혹한 악과 불의를 치유할 수 있다고 주장하는 순진한 낙관주의자가 되고 싶지는 않다. 그럼에도 불구하고 나는 현실에 저항하고 또 심지어 그것을 지양하고자 시도하고 싶다면 이런 기본적인 [운동의] 네트워크를 무시할 수는 없다고 믿는다.

나의 마지막 테제는 '운동주의적' 테제에 얼마간 반대하는 것이다. 운동은 그 거대한 정치적인 중요성에도 불구하고 혼자서는 충분치 않다. 운동은 필요하지만, 충분한 것은 아니다. 사회적인 동시에 좁은 의미에서 정치적인 대안을 건설하기 위해서는 운동의 방향

**) 대안세계화운동과 발리바르가 말하는 해방·변혁·시빌리테의 정치 또는 상징적(이상적)·현실적·가상적(허구적) 보편성의 정치에 대한 더 자세한 설명은 윤소영, 『역사적 마르크스주의: 이념과 운동』, 공감, 2004를 참조하시오.

을 파악하고 정치적 행동의 형태와 장소, 민주주의적 제도, 정당과 교류할 필요가 있는 것이다.

적어도 세계체계 중심부의 민주주의에서 정치는 오늘 소멸할 위험에 빠져 있다. 그럼에도 불구하고 오늘 정치를 **재발견해야** 한다. 나는 이런 주장이 중심부뿐만 아니라 모든 곳에서 타당할 것이라고 믿는다. 이 점과 관련해서 예컨대 라틴 아메리카를 본다면, 우리는 바로 정치적인 관점에서 흥미로운 혁신을 목격한다. 얼마 전에는 군사독재 또는 강력한 세계적 권력의 과두제에 완전히 종속된 정부만 존재하던 그곳에서 사태가 변화했다. 상이한 정도지만, 세계의 다른 지역에서도 마찬가지로 사태가 변화했다. 어쩌면 우리는 민주주의를 발명한 나라에서 그것이 위기에 빠지는 시기에 다른 나라에서는 오랫동안 인류의 대다수에게 거부되었던 민주주의의 장점이 실험되기 시작한다고 말할 수 있을 것이다.

세계적 수준에서 또 국가와 지방공동체 수준에서 **정치를 재발견하고 민주주의를 재발명하자.** 이것이 우리의 현재와 가까운 미래의 과제다. 나는 오래된 유럽에서 우리가 제3세계의 몇 가지 경험을 지지하는 데 그칠 것이 아니라, (미국의 민주주의에 대한 19세기 토크빌의 유명한 저서의 제목을 상기하면서) **유럽의 민주주의**라는 질문, 어쩌면 (아메리카, 특히 미국의 민주주의가 위기에 빠져 있고 또 그것이 우리에게 전염되고 있으므로) 유럽과 아메리카의 민주주의에 관한 질문을 오늘 21세기에 강력하게 제기해야 한다고 덧붙이고 싶다. (자신의 모델을 전세계에 교육하고 수출한다고 주장하는) 서양 민주주의의 위기는 특히 대중의 '수동화', 사회보장의 취약성 또는 (상황에 따라서는) 불안정성, 이주민을 환대하는 정책의 부재 또는 곤란, 정치적 장치 및 제도의 사회생활과의 분리(사르코지를 보라) 속에 존재한다. 바로 이런 요소들 전체로부터 미디어화된 (조작되고 상품화된) 교통이 정치적 토론을 대체하고 조야한 인민주의가 참여의 공백을 보충한다는 사실이 유래하는 것이다. 이런 위기의 희생자이자 종종 공범이기도 한 역사적 좌파 세력은 지배적 문화와의 관계에서 종속성이라는 악습에 영향을 받고, 우파적 문화에 의한 감염을 전염시키고, 자신의 사회적 유대를 상실하고, 그 결과 해답을 제공하지 못한 채 패배하거나 아니면 희망 없이 저항하다가 결국 종파주의에 빠질 수밖에 없게 된다. 심지어 좌파는 (내가 보기에) 프랑스에서처럼 우파에게 (말하자면) 잡아먹힐 위험에 빠져 있다. 그러나 베를루스코니가 과거의 좌파를 자신의 측근의 일부로 등용한 이탈리아에서도 또한 마찬가지다. 오늘 우파는 [좌파보다] 더 잘 정비된 것이 보이는데, 이는 그 사명이 변혁적 해답을 제공하는 것이 아니라 단지 현재의 상태를 관리하는 것이기 때문이다. 그렇지만 중도파 및 우파 세력조차도 자신이 민주주의의 위기로부터 안전하다고 상상할 수는 없다.

결론짓자면, 우리가 **정치의 정초**에 대한 반성을 재개한다고 해도, 정치를 재발견하고 민주주의를 재발명하는 것은 [바디우와 랑시에르의 주장처럼] 철학의 문제가 아님이 분명하다. 그것은 [알튀세르와 발리바르처럼 말하자면] 특히 [비철학으로서 정치라는 의미에서] 실천, 선택의 문제다. ['역사철학'은 물론이고 '정치철학'도 존재하지 않는 것이다.] 운동은 거대한 공헌에도 불구하고 충분치 않다. 바로 정당, 제도, 시민권의 수준에서 어떤 변화가 발생해야 하는 것이다. [특히] 시민권을 [제도적으로] 보편화하는 동시에 능동적이고 참여적인 것으로 만들어 그 토대를 확대해야 하는 것이다.***)

분명 손쉬운 해답은 존재하지 않는다. 개인적으로 나는 21세기에 20세기의 역사를 지양하면서 사회주의의 담론을 다시 채택해야 한다고 믿는다. 나는 근원적으로 쇄신된 비판적 공산주의의 관념, 개인과 자연을 존중하는 관념이 이런 담론과 무관하다고 생각하지 않는다. 그리고 나는 여러 차례 유한한 공산주의라는 관념, 나의 친구인 [알튀세르와 친화성을 갖는 프랑스 마르크스주의 철학자] 토젤

***) 인권의 정치에 대한 더 자세한 설명은 윤소영, 『역사적 마르크스주의』, 같은 책 또는 발리바르, 「'인간의 권리'와 '시민의 권리': 평등과 자유의 현대적 변증법」(1989), 윤소영 옮김, 『'인권의 정치'와 성적 차이』, 공감, 2003을 참조하시오.

에게 아주 귀중한 관념을 주장해 왔다. 나는 우리의 미래를 위한 과제가 또한 좌파의 주요한 두 전통, 즉 공산주의적 전통과 사회주의적 전통의 최선의 유산을 미래로 전진하기 위해 오류를 정정하면서 결합하는 것이라고 믿는다.****) 다시 한번 [알튀세르와 발리바르처럼] 철학은 세계를 변혁하는 것이 아니라 그것에 봉사할 수 있을 따름이라고 말해야 한다. [게다가 그들이 강조하는 것처럼 역사과학으로서 경제학 비판의 관점에서] 사회적 변혁에 대한 분석을 재개하여 자본과 노동의 변모에 대해 연구해야 한다. 지식이라는 비물질적 요소가 점점 더 중요해지는 자본, 그리고 항상 고역이지만 그러나 또한 특히 청년 세대에게는 불확실해지고 불안정해지는 노동 말이다. 오늘과 내일의 사회에서 여전히 기본적인 질문인 노동은 또한 새로운 종류의 사회적 권리에 의해 보호되어야 한다.

그람시가 요구한 것처럼, 우리보다 훨씬 더 곤란한 개인적 조건에 대해서 연구해야 한다. 결국 중요한 것은 수동성으로부터 탈출하는 대중의 새로운 능동적 참여라는 것을 인식하면서 말이다.

유럽적 좌파의 일부, 아직은 극소수인 일부가 이런 방향으로 행진한다. 문제는 시행착오 속에서 지속해야 하는 곤란한 장정인데, 이 대회[5차 국제마르크스대회]에 참여한 다양한 잡지와 연구소도 여기서 각자의 역할을 수행해야 한다.

****) 공산주의의 두 번째 형태로서 '인권의 정치'(시민적 공산주의)와 세 번째 형태로서 사회주의(노동자적 공산주의)의 관계에 대한 더 자세한 설명은 윤소영, 『역사적 마르크스주의』, 위의 책 또는 발리바르, 「공산주의 이후에 어떤 공산주의가 오는가?」(1998), 윤소영, 『마르크스의 '경제학 비판'과 소련 사회주의』, 공감, 2002를 참조하시오. 발리바르의 공산주의 변수론과 비교할 때, 바디우의 공산주의 상수론은 공산주의의 첫 번째 형태로서 기독교적 공산주의를 영속화하고, 랑시에르의 인민주의 상수론은 통치자에 대해 인민대중을 특권화한다. 양자가 지향하는 중세적 또는 고대적 공산주의는 특히 공산주의의 네 번째 형태로서 페미니즘에 대해서 무관심함을 아울러 지적해두자. 윤소영, 『일반화된 마르크스주의 개론』, 공감, 2006. 발리바르를 바디우·랑시에르와 비교하려는 시도로는 미흡한 대로 Nick Hewlett, *Badiou, Balibar, Rancière: Rethinking Emancipation*, Continuum, 2007을 참조할 수 있다.

‘과천연구실 세미나’ 개관

I. 일반화된 마르크스주의와 성적 차이의 페미니즘

윤소영, 『마르크스주의의 전화와 ‘인권의 정치’: 알튀세르를 위하여』, 과천연구실 세미나 1, 문화과학사, 1995; 『마르크스의 ‘경제학 비판’』, 과천연구실 세미나 15, 공감, 2001; 『마르크스의 ‘경제학 비판’과 소련 사회주의』, 과천연구실 세미나 16, 공감, 2002; 『마르크스의 ‘경제학 비판’과 평의회 마르크스주의』, 과천연구실 세미나 18, 공감, 2003; 『마르크스의 ‘경제학 비판’과 대안세계화 운동』, 과천연구실 세미나 20, 공감, 2003.

윤소영, 『알튀세르를 위한 강의: ‘마르크스주의의 일반화’를 위하여』, 과천연구실 세미나 3, 공감, 1996; 『일반화된 마르크스주의 개론』, 과천연구실 세미나 28, 공감, 2006; 『역사적 마르크스주의: 이념과 운동』, 과천연구실 세미나 22, 공감, 2004; 권현정, 『마르크스주의 페미니즘의 현재성』, 과천연구실 세미나 17, 공감, 2002; 권현정 외, 『페미니즘 역사의 재구성: 가족과 성욕을 둘러싼 쟁점들』, 과천연구실 세미나 19, 공감, 2003.

에티엔 발리바르, 『마르크스의 철학, 마르크스의 정치』, 과천연구실 세미나 2, 문화과학사, 1995; 에티엔 발리바르·피에르 마슈레, 『스피노자의 철학, 스피노자의 정치』 (윤소영, 『알튀세르의 현재성: 마르크스, 프로이트, 스피노자』, 과천연구실 세미나 5, 공감, 1996에 실림); 에티엔 발리바르 외, 『‘인권의 정치’와 성적 차이』, 과천연구실 세미나 21, 공감, 2003; 뤼스 이리가레 외, 『성적 차이와 페미니즘』, 과천연구실 세미나 8, 공감, 1997.

II. 포스트구조주의 비판

윤소영, 「발리바르의 『마르크스의 철학』에 관하여」 (윤소영, 『알튀세르를 위한 강의: '마르크스주의의 일반화'를 위하여』, 과천연구실 세미나 3, 공감, 1996에 실림); 「알튀세르와 라캉: 마르크스주의 전화를 위한 쟁점들」 (루이 알튀세르 외, 『알튀세르와 라캉: '프로이트-마르크스주의'를 넘어서』, 과천연구실 세미나 4, 공감, 1996에 실림); 「뤼스 이리가레의 '성적 차이의 윤리'」 (윤소영, 『마르크스주의의 전화와 '인권의 정치': 알튀세르를 위하여』, 과천연구실 세미나 1, 문화과학사, 1995에 실림); 「데리다의 『마르크스의 유령들』에 관한 단상들」 (윤소영, 『알튀세르를 위한 강의: '마르크스주의의 일반화'를 위하여』, 과천연구실 세미나 3, 공감, 1996에 실림); 「스피노자-마르크스주의와 포스트구조주의 비판」 (메이너드 솔로몬 외, 『베토벤: '윤리적 미' 또는 '승화된 에로스'』, 공감, 1997에 실림).

윤소영, 『알튀세르의 현재성: 마르크스, 프로이트, 스피노자』, 과천연구실 세미나 5, 공감, 1996.

에티엔 발리바르, 『마르크스의 철학, 마르크스의 정치』, 과천연구실 세미나 2, 문화과학사, 1995; 에티엔 발리바르·피에르 마슈레, 『스피노자의 철학, 스피노자의 정치』 (윤소영, 『알튀세르의 현재성: 마르크스, 프로이트, 스피노자』, 과천연구실 세미나 5, 공감, 1996에 실림); 메이너드 솔로몬 외, 『베토벤: '윤리적 미' 또는 '승화된 에로스'』, 공감, 1997; 루이 알튀세르 외, 『알튀세르와 라캉: '프로이트-마르크스주의'를 넘어서』, 과천연구실 세미나 4, 공감, 1996; 뤼스 이리가레 외, 『성적 차이와 페미니즘』, 과천연구실 세미나 8, 공감, 1997; 에티엔 발리바르 외, 『'인권의 정치'와 성적 차이』, 과천연구실 세미나 21, 공감, 2003.

III. 신자유주의 비판

윤소영, 「쉬잔 드 브뤼노프의 신자유주의 비판」 및 「뤼스 이리가레의 '성적 차이의 윤리'」 (윤소영, 『마르크스주의의 전화와 '인권의 정치': 알튀세르를 위하여』, 과천연구실 세미나 1, 문화과학사, 1995에 실림); 『일반화된 마르크스주의와 역사적 자본주의 분석』, 과천연구실 세미나 6, 공감, 1998; 『이윤율의 경제학: 헨릭 그로스만(1881-1950)을 위하여』 (『이윤율의 경제학과 신자유주의 비판』, 과천연구실 세미나 13, 공감, 2001에 실림); 『마르크스의 '경제학 비판'』, 과천연구실 세미나 15, 공감, 2001.

윤소영, 「브뤼노프의 신자유주의 비판」 및 「이리가레의 '성적 차이의 윤리'」 (윤소영, 『알튀세르를 위한 강의: '마르크스주의의 일반화'를 위하여』, 과천연구실 세미나 3, 공감, 1996에 실림); 『신자유주의적 '금융 세계화'와 '워싱턴 콘센서스': 마르크스적 비판의 쟁점들』, 과천연구실 세미나 11, 공감, 1999; 『신자유주의 비판』 (『이윤율의 경제학과 신자유주의 비판』, 과천연구실 세미나 13, 공감, 2001에 실림); 『일반화된 마르크스주의 개론』, 과천연구실 세미나 28, 공감, 2006; 김석진 외, 『자본주의의 위기와 역사적 마르크스주의』, 과천연구실 세미나 14, 공감, 2001; 이미경, 『신자유주의적 '반격' 하에서 핵가족과 '가족의 위기': 페미니즘적 비판의 쟁점들』, 과천연구실 세미나 12, 공감, 1999.

장 로블랭 외, 『세계화와 신자유주의 비판을 위하여』, 과천연구실 세미나 7, 공감, 1997; 조반니 아리기 외, 『발전주의 비판에서 신자유주의 비판으로: 세계체계론의 시각』, 과천연구실 세미나 9, 공감, 1998; 다이앤 엘슨 외, 『발전주의 비판에서 신자유주의 비판으로: 페미니즘의 시각』, 과천연구실 세미나 10, 공감, 1998; 에티엔 발리바르 외, 『'인권의 정치'와 성적 차이』, 과천연구실 세미나 21, 공감, 2003.